夢を喜びに変える

自超力《じちょうりょく》

壁を突破し、成果を出すための

「学び」×「教え」

松田丈志　久世由美子

Takeshi Matsuda / Yumiko Kuze

The Strength to Surpass Yourself

Discover

プロローグ

松田丈志

もうひとつだけ、思い出のレースをつくりたい――。そう思って挑んだリオ五輪は、私にとって28年に及ぶ長い競技生活の、集大成というべき大会でした。

2大会連続でメダルを獲得していた200メートルバタフライでは出場権を得ることができなかった、この大会。私は800メートル・フリーリレーのみの出場となりましたが、仲間やコーチ、スタッフに恵まれ、そしてこれまでの経験によって育まれたすべての力を生かすことで、この種目では52年ぶりとなる銅メダルを獲得することができました。

4度目のオリンピックで勝ち取った、4つ目のメダル。気がつけば、4歳で水泳を始めた私は、32歳になっていました。

なぜ、これほど水泳に打ち込むことができたのか。なぜ、目標から目をそらすことなく、全力を注ぐことができたのか。

常に根底にあったのは、〝負けたくない〟という強い思いと、金メダルをとりたいという明確な目標でした。そして傍らには、いつも松田丈志という選手と全力で向き合い、共に全力で戦ってくれた、久世由美子コーチの存在がありました。

水泳は非常に過酷なスポーツです。

記録との戦いであるため、嘘をつくことができません。記録はいつだって正直なもので、その時々の自分を見事に切り取り、数字で表してくれます。

０・１秒、０・０１秒が勝負を分けるこの世界。それは人間の持つ能力でいえば、ほとんど差はありません。しかし、そのたった０・０１秒が、人生を大きく変えてしまうのです。

そんななかで久世コーチは、選手としての私の技量を伸ばすだけでなく、〝勝つ〟ために必要な思考や習慣、さらには礼節やマナーまでを叩き込み、あらゆる面から私の成長をサポートしてくれました。

プロローグ

松田丈志

すべては結果を出すために必要なことであり、また、一人前の社会人として身につけておかなければいけないことでもあります。久世コーチが、アスリートとしての松田丈志ではなく、人間としての松田丈志と向き合い続けてくれたおかげで、私の28年間の競技生活は、学びと発見に満ちたものになりました。

自分自身と向き合うことで、何が得られるのか。
成功する人間と、そうでない人間の差はどこにあるのか。
敗北から何を学び、何を吸収すべきなのか。

目指す目標があるというのは幸せなことであり、苦しいことでもあります。むしろ私の場合は、苦しいことの連続であったかもしれません。
ハードなトレーニングに没頭し、ストイックに自分を追い込む。そうして迎えたレース本番では、必ずしも目指す結果に届くわけではなく、悔しい思いをしたことも一度や二度ではありません。

それでも努力を続け、少しでも強くなるために工夫を凝らし続けた結果として、私たちは幼い頃から目指してきたオリンピックの舞台で結果を出すことができました。その表彰台から見た景色は特別なもので、まさしくすべての苦労が報われた瞬間でした。

現役生活を終えた今、あらためて振り返ってみると、水泳を通して自分自身を研ぎすませていくプロセスで得たものは、人が目標に向かい、成功を収めるために必要な知見として、ジャンルを超えて共通するものがあるのではないかと考えています。

人は誰しも、目標に到達するまでには、さまざまな壁やトラブルに直面します。そこで悩み、苦しみながらも前を向いて頑張ろうとしている人たちにこそ、成功の扉は開けるものであるはずです。その際、ほんの少しだけでも他人の知恵や経験則を取り入れることで、成長のスピードを上げられるということを、私は競技を通して学びました。

ビジネスパーソンとして働いた経験もなく、水泳しかやってこなかった私ですが、ひとつのことをやり抜いたからこそ得られた知見があります。それらは、目標を持つすべての人にとって、成功を手繰り寄せるヒントになるかもしれません。

競泳選手としての人生を終えた今だからこそ、これまで学んだことを皆さんにお伝えし、自分自身もその学びを今後の人生に生かしていきたい。そんな思いから、こうして久世コーチと共に筆を執ることになりました。

成功と成長を求める皆さんに、幾ばくかの気づきになれば幸いです。

松田丈志

夢を喜びに変える　自超力　もくじ

第一章
自分と向き合うことのできない人は成長しない

Takeshi Matsuda
松田文志

目標との「距離」を知る

「結果を出すためには、目標設定が必要である」

このことは、これまで数多くのビジネス書やスポーツ指南書などで繰り返し言われてきたことです。しかし言うまでもなく、目標を立てるだけでは、それに近づくことはできません。

ビジネスでもスポーツでも重要なのは、「その目標を達成するために何が足りないのか、その目標までにどのくらい距離があるのか」を的確に分析することです。

たとえば、初めて私が「オリンピックに出場したい！」という目標を意識したのは、小学校2年生のときにテレビで観た、バルセロナ五輪がきっかけでした。この大会の女子200メートル平泳ぎにおいて、14歳の岩崎恭子さんが金メダルを獲得したこと

自分と向き合うことのできない人は成長しない

松田丈志

を覚えている人は多いでしょう。

それまで、世界的にはほぼ無名の存在であったにもかかわらず、当時の五輪新記録を叩き出しての見事な勝ちっぷり。レース後の「今まで生きてきた中で一番幸せです」というコメントが国民的な話題となったばかりか、14歳での金メダル獲得は、競泳史上はもちろん、すべての日本人金メダリストの中でも今なお破られずにいる最年少記録となっています。

「14歳でも金メダルがとれて、しかもこれほど話題になるのか！」

なんとも単純なものですが、小学生の自分とそう大きく歳の離れていない選手が大フィーバーを巻き起こす姿をテレビで観て、「よし、だったら自分は岩崎恭子さんを越えてやる！」と子ども心に闘志を燃やしたことが、私に金メダルという目標を与えてくれました。

これ以降、32歳で現役を引退するまで、私の競技人生はオリンピックを軸に動いていくことになります。

では、「オリンピック出場」という目標に向かうには、一体どうすればいいのか。

オリンピックは言わずと知れた最高峰の舞台ですから、望んで手が届くものではありません。まずは、その目標と自分との間に、どれほどの距離があるのかを把握しなければ、努力の方向性も定まりません。

その〝距離〟を鮮明に意識させられる出来事が高校時代にありました。1年生の時に出場した日本選手権です。

この大会で私は、1500メートル自由形で3位入賞という結果を残しました。高校に進学して間もない1年生の記録としては、客観的に見れば、なかなかの結果といえるかもしれません。

しかし、実はこの大会はシドニー五輪の選考会を兼ねたもので、レースを終えてから、私のひとつ上、2位に入った選手が日本代表入りを決めたことが判明します。タイムにして7秒差。これは1500メートルという長距離種目からすると、決して大きな差ではありません。だからこそ、この数字を知った瞬間、私の中にさまざまな無念さや悔しさが去来しました。

自分と向き合うことのできない人は成長しない
松田丈志

もっと厳しい練習を自分に課していれば、シドニーに行くのは自分だったかもしれない。

もっとコンディショニングやトレーニング法に気を配っていれば、7秒速く泳ぐことができたかもしれない。

もちろん、それまでも決して手を抜いていたわけではないのですが、逃したものの大きさを知ったことで、自分の心に深いしこりが残るのを感じました。

この7秒がイコール、自分とオリンピックを隔てる「差」でした。つまり、これを縮めなければ目標はかなえられないことになります。

この大会以降、私は久世由美子コーチと共に、この7秒を縮めることを目標に、トレーニングに励むようになりました。

闇雲に遠い目標を見据えるよりも、目先の7秒という具体的な目標が置かれることで、トレーニングメニューや練習に挑む心構えは変わります。これはきっと、スポーツにかぎったことではないでしょう。

私たちが日々行っている仕事でも同じことではないでしょうか。いつまでにその作業を終わらせたいのか。どのくらいの売上げを達成したいのか。具体的な数字の目標が生まれることで、自分がやるべきことも具体的になるはずです。

私の場合、こうした目標までの距離を意識することが、4年後のアテネ五輪出場につながったのは間違いありません。

学び

目標との「距離」を知ることが、適切なプロセスを生む。

自分と向き合うことのできない人は成長しない

松田丈志

成長につながる日々の記録をつけて、自分を客観視する

明確な目標を持って努力を重ねたからといって、誰もが必ず目指す結果を得られるわけではありません。

むしろ、人生は失敗の連続。どれほど優れた能力を持った人でも、一度のミスもなく成功することはまずないでしょう。

だからこそ、成功する確率を上げる努力や工夫をすることが大切です。そしてそのためには、自分自身を客観視する視点が欠かせません。

その点、私が4度のオリンピックに出場し、4つのメダルを獲得するに至ったプロセスでは、久世コーチの勧めで中学生の頃からつけ始めていた練習ノートが、自分の状態を客観的に見るうえで、大きくものを言いました。

この練習ノートというのは、毎日のトレーニングメニューやタイムだけでなく、その日の食事内容や睡眠時間、練習についての感想などをつぶさに記録したものです。

人間ですから、コンディションがいいときもあれば、悪いときもあります。そこで重要なのは、納得のいくタイムで泳げなかったときに、「なぜ調子が悪かったのか」を客観的に考えてみることです。

いつもより睡眠が足りていなかったのか。それとも食事に何か問題があったのか、あるいは、技術的な問題があるのか。また、そもそもオーバーワークで疲労が溜まっている日もあるはず。練習ノートを毎日つけていると、そうした好不調の原因が特定しやすくなります。

当たり前のことですが、失敗の確率を下げれば、そのぶん成功の確率は上がります。私が練習ノートを長年続けてきて実感するのは、記録することで同じ失敗を防ぐ効果が、間違いなくあったということです。

自分と向き合うことのできない人は成長しない

松田丈志

スポーツの世界には、「負けに不思議な負けなし」という言葉があります。つまり、敗北には何かしら理由があるという意味です。

たまたま運が悪くて負けた。そう思ってしまう人は、反省して課題を洗い出すことをしないでしょうし、また、悔しさを次へのエネルギーに変えることもできません。

敗因を模索し、それを認識する習慣を持っておくことは、自分自身と逃げずに向き合うことでもあります。そして、負けた要因が明らかになったのであれば、次はそれを排除する努力をすればいいのです。

ミスや失敗は、悔やむばかりでなく反省材料として活用し、次への糧とするべきではないでしょうか。

学び

日々の記録の蓄積によって、成功の確率は上げられる。

他人や環境のせいにしない

目指す結果が得られなかったときは、なぜ自分がその目標に届かなかったのか、その原因を分析する必要があります。

長くスポーツの世界に身を置いてきて感じるのは、「敗因を他人や環境に求めがちな人ほど、好成績は生まれていない」という現実です。

たとえば、日本代表としてオリンピックに出場するような選手であっても、「部屋割りが良くない」「食べ物が口に合わない」などと、ベストコンディションを整えられなかった理由を、環境のせいにする選手が少なくありません。

もちろん、恵まれた環境を求める努力は必要でしょう。しかし、与えられた環境や条件で結果を出すのもアスリートの責務。結果を出せなかったからといって外的な要因を愚痴ってばかりいるのは考えものです。

皆さんのオフィスにも、思い当たる人がいるのではないでしょうか。契約がまとめられなかったのは担当者との相性が悪かったせいだ。売上げが下がっているのは世の中の不況のせいだ。……そうぼやいたところで、何ひとつ建設的なことはありません。

私が4歳で競泳人生をスタートさせた東海スイミングクラブは、学校のプールにビニールハウスをかぶせただけの、実に簡素な施設でした。今でこそメディアに取り上げられる機会も多いものの、まさかここからオリンピック選手が誕生することになろうとは、誰も思っていなかったでしょう。

しかし結果として、このビニールハウスのプールで長く自分を鍛えた私は、オリンピックで4つのメダルを手にしています。

自分の心構え次第で、トレーニングはどこでもできます。かつて海外遠征に出かけたときには、ロサンゼルスでトランジットする際に、空港付近の10メートルほどしかないプールで泳ぎ、体をほぐしたこともありました。また、移動の機内や車内であっても、次の大会までの調整スケジュールを見直したり、イメージトレーニングを行なったり、頭の中でできることはたくさんあります。

同様に、ホームで電車を待っているとき、なんとなくスマホをいじっている人よりも、その隙間の時間を使ってその日のタスクを検討する人のほうが、ずっと効率的に一日を過ごすことができるのではないでしょうか。

「充実した環境がなければ成果を出せない」というのは、言い訳に過ぎません。まして、それを試合で負けたときや仕事でミスをした際の理由にしている人――私にもそんな時期はありましたが――は、なかなか成長できないというのは、私の実感でもあります。他人や環境のせいにしているうちは、自分と向き合えないのです。

学び

他人や環境のせいにしていては、自分と向き合うことはできない。

自分と向き合うことのできない人は成長しない

松田丈志

オン／オフの切り替えをする

長く競技の世界に身を置いていると、結果を出せる人と出せない人の〝差〟を目の当たりにする機会がしばしばあります。

私にとって初めてのオリンピックとなった、２００４年のアテネ五輪。この大会では、メダルを獲ることができなかった私とは対象的に、北島康介さんは平泳ぎの１００メートルと２００メートルで２冠を達成する大活躍を見せました。

もちろん、尊敬する先輩の活躍は手放しに喜ばしいことでした。しかしその一方で、類いまれな〝本番力〟を発揮する姿を康介さんにまざまざと見せつけられたことで、私は、メダリストたちと自分との間にある〝差〟について考えるようになりました。

なぜ、自分はメダルに届かなかったのか。

単に実力が不足していたのか、それともコンディショニングにミスがあったのか。

久世コーチと共に、〝敗因〟ととことん向き合う日々が始まりました。

そこで気づかされたのは、自分は金メダルという目標にこだわるあまり、ストイックに自分を追い込むことばかり考え過ぎていたのではないか、ということでした。たまに延岡に帰省する機会があっても、友人たちと会ったりするようなことはほとんどなく、常に競技を優先する日々。しかし、オリンピックを共に戦った仲間の姿を振り返ってみれば、結果を出す人間にはひとつの共通点があるように感じました。それは、総じてオンとオフの切り替えがうまいことです。

自分に厳しいことは必ずしも悪いことではありません。しかし、そのスタイルで結果を出せなかったからには、視点を変える必要があるでしょう。もしかすると私は、自分でも気がつかないうちに、視野が狭くなっていたのかもしれません。

実際、選手村で共に過ごした北島康介さんの姿には、多くの発見がありました。

プールでは一生懸命泳ぐものの、選手村に戻るとみんなでゲームに興じたり、普段と変わらない調子で冗談を言い合ったり、非常にメリハリのある過ごし方をしていたのです。

ゴムも、張り詰めっぱなしでは傷んでしまいます。人間もまた、極限に集中した状態をつくるためには、リラックスした瞬間を設けることが大切なのだということを、私は長年のアスリート生活で学びました。

勝ちたい気持ちを持って、がむしゃらに練習する時期も大切です。でも、「とにかくたくさん頑張った」だけで終わってしまっては、意味がありません。そこからさらに次のステージに上がっていくためには、気持ちを切り替えて「オフの時間」を持ち、そこで次へのエネルギーを充電することも大事なことだと思います。

学び

突き抜けた結果を出す人ほど、オン／オフの切り替えがうまい。

調子の〝波〟をコントロールする

現役時代によく聞かれた質問に、「調子のピークをどうやって本番に合わせていくんですか?」というものがありました。水泳にかぎらず、何事においてもピーキングは重要でしょう。

ピーキングとは、最高の結果を出すために、実力面でもコンディションでも、本番のタイミングに合わせて自分を最高の状態にもっていくことです。

しかし、そのことと、常に最高の状態を維持することとは、少し意味合いが異なります。どれほど優れたトップ選手であっても、次のオリンピックまでの4年間、ずっとモチベーションを維持し続けるのは不可能です。好調なときもあれば、不調なときもあるのは当然のことです。

だからこそ大切なのは、好不調のすべてを受け止め、その〝波〟をコントロールする努力をすることです。

それはすなわち、自分の心と体の状態をきちんと把握することでもあり、前述した練習ノートのように、自分がどんなことをすれば調子が上がるのかを知っておけば、目指すタイミングにピークを合わせることは必ずしも難しいことではないはずです。

逆にいえば、ここ一番で力を出しきれなかったり、調子が上がらなかったりする場合は、自分の心と体の状態に普段から無頓着であることに原因があるのではないでしょうか。

たとえば朝型の人もいれば夜型の人もいますし、暑さより寒さに強い人もいます。人の特性というのはさまざまであり、水泳でいえば、同じトレーニングをしても、人によってその反応は人それぞれです。そうした自分の特性を自ら把握したうえで、設定した目標が何日後、何週間後、何ヶ月後であったとしても、そこを目がけて好調の時期をつくっていけばいい。「二十四時間いつも元気で、やる気にみなぎっている」必要などないのです。

途中の結果に、一喜一憂する必要はありません。オリンピックにたとえれば、最終的にメダルに手が届くのであれば、その前年の世界選手権でいいタイムが出なくても、その後、調子が上がれば何も問題はないはずです。むしろ、悪い結果もその時点での自分の状態を知る材料として活用し、調子を上げていく方法を考えていく。それが私のアスリートとしての考え方です。

日々の仕事でも同じことがいえるかもしれません。中期的にいい結果が出ていなかったとしても、そこから課題を洗い出し、改善することで、長期的な目標達成に近づけることは可能です。調子の上下動を〝波〟として捉える視点を持つことで、得られる発見は多いのではないでしょうか。

学び

調子の〝波〟をコントロールしながら、大きなピークをつくる。

第二章
情熱を育み、維持し続ける

Yumiko Kuze

久世由美子

「少し上」の目標を、そのつど設定する

松田丈志というスイマーと向き合い続けた28年間。私たちは選手とコーチという関係で、共に同じ目標に向けて邁進し、それをかなえるために全力を尽くしてきました。

その結果として得た、4度のオリンピック出場、4つのメダル獲得という実績を買われてか、今日《こんにち》、私は人材育成や選手育成についてお話しする機会を数多くいただいています。

そうした場で、多くの方から次のようなことを聞かれます。

「なぜ、それほどの長期間を選手と共に競技に打ち込むことができたのか?」

「その情熱やモチベーションは、どこから湧いてくるのか?」

それは当然、オリンピックという明確な目標を、選手本人と共有し、互いがいつでも手加減なく努力を重ねてきたからなのですが、しかし第三者からすれば、それだけではなかなか、28年間という長い時間を費やすことができた理由として十分に納得できる答えにはなっていないようです。

そこで、これまでの体験を振り返ってみて、私がこれまで丈志やさまざまな選手を指導してきて気づいたことは、最終的にはオリンピックという最高峰を目指すにしても、そのプロセスにおいては段階的なステップアップを念頭に置かなければ、目標が〝空洞化〟してしまうということです。

大きな目標を持つことが、誰にとっても大切なことであることは疑いありません。しかし、やみくもに大きな目標設定をするだけでは、人のモチベーションを駆り立てることはできません。

モチベーションを損なわないための第一条件――それは、今そのときの自分が全力で頑張って、ようやく到達できる「少し上」の目標を、段階ごとに設定していくことです。

実はこれは、競技を通してだけでなく、子育てを通して体感したことでもあります。人間には必ず個人差があります。たとえば、周囲の話を聞いていると、たまに「そろそろ9カ月になるのに、どうしてうちの子はまだ歩けないのかしら……」と、不安がっているお母さんを見かけます。しかし、成長の度合いというのはさまざまで、1年未満で歩けるようになる子もいれば、1年経ってようやく歩けるようになる子もいます。しかし、これはいずれも悪いことではありません。

こと「成長」においては、スピードは重要ではなく、多少の時間を要しても、それをきちんとこなせるレベルに達することが大切です。

そして、これまで多くの人材の成長を見守ってきた経験上、しっかりと段階を踏んで伸びてきた選手ほど、伸びしろが大きいのは厳然たる事実なのです。

そこで子を持つ親や、選手の傍らに立つ指導者、あるいは若い社会人を教える立場にいる先輩や上司が意識すべきことは、「その人間に合った目標を与えるサポートをしてやること」でしょう。

丈志が4歳のときにやってきた東海スイミングクラブでは、いまも多くの子どもたちが泳いでいます。その中には、丈志の活躍を見て、「僕もオリンピックへ行く！」と息巻く小学生も少なくありません。

そこで、「よしよし、頑張ればきっと行けるよ」とおだててやるのがいいのか、それとも「バカを言いなさい、あんたのレベルじゃまだまだ無理よ」と叩いてやるのが効果的なのかは、個々の性分により異なります。

それを見極め、適切に支えてやることは、その人材を客観的に見られる立場の人間ならではの大切な役割といえるでしょう。

教え

段階的で適切な目標設定が、成長とモチベーションを生む。

本気であることを伝える

当たり前のことですが、人と人が協力し合って何かを成し遂げるためには、信頼関係が必要です。実際、スポーツの世界でも、オリンピックでメダルを獲るような一流選手が大崩れするときというのは、コーチやスタッフとの関係がうまくいっていないケースが多々見られます。

その点、丈志が4歳の頃から行動を共にしてきた私たちの関係は、傍から見れば親子のようなもので、いささか特殊なコンビであったことでしょう。そもそも男性指導者に女性選手という組み合わせはあっても、日本代表選手チームの中では、女性指導者に男性選手の組み合わせは、競泳界ではかなり珍しい部類のようです。

そんな私が、あるときから日本代表チームのコーチに就任し、他の選手の指導も担当することになりました。

周囲からすれば、久世由美子という指導者は、松田丈志の専属コーチというイメージが、あまりに強く浸透しています。丈志以外の選手にしてみれば、果たしてフェアな指導が受けられるのか、不安に感じるのもやむを得ないことでしょう。下手をすると、トレーニングに打ち込むモチベーションを損なってしまうかもしれません。

こうしたスポーツの事例にかぎらず、世の中には急ごしらえのチームでひとつのミッションに当たらなければならない局面が多々あるものと思います。誰しも入社や異動の直後は、新しい人間関係の中でやっていかなければなりません。そこで、互いの信頼関係をいかにして育んでいくかというのは、実に大きな問題です。

私が新たな選手を担当するときに心がけているのは、まずは自分が率先して自身をさらけ出すこと。それは、動物にたとえれば、最初からお腹を見せてしまうようなもので、自らのことを仲間に知ってもらうことと同義です。精神論でいえば、嘘偽りなく〝本気〟で対話すること、ということになるでしょう。

こんなことがありました。代表合宿のトレーニング中に、指導を担当していた選手から、ある日こう言われたのです。

「どうせ久世コーチは、松田さんしか眼中にないでしょ」

陰日向なく、誰に対しても全力を尽くしているつもりだった私にとって、これは非常に残念な言葉でした。それと同時に、その勝手な言い分に苛立ちも覚えます。そこで私は、その選手にこう返したのです。

「そんなことはないわよ。あんたにはそう見えて不貞腐れているのかもしれないけど、私だって人間だから、あんたのその態度には腹が立つわ。あんたがキレれば、私だってキレるんだからね、そのあたりをちゃんと想像してものを言いなさい」

すると、その選手はびっくりした顔をして、おとなしくなってしまいました。

おそらく、たいていのコーチであれば、もっとオブラートに包んだ言葉でなだめにかかるのかもしれません。私自身、こうした発言が必ずしも大人として適切とは思っていません。しかし、ここで重要なのは、大人と子どもの関係ではなく、生身の人間同士だということを、早い段階で相手に実感させることでした。

つまりは、「ひとりの人間が〝本気〟で相手をしているのだ」と実感してもらう必要があったのです。

果たして、その選手はそれ以降、人が変わったように、全力で練習に打ち込むようになりました。こちらが本気であることが伝われば、それは相手にとってエネルギーとなり得るのです。

教え

自分自身をさらけ出すことが、信頼関係の構築につながる。

一人ひとりと向き合う

信頼関係のあるチームは、準備段階の質を上げ、結果として大きな成果を上げられるものです。そして、信頼関係を一朝一夕に築くのは難しいともいわれています。では急造チームの場合、信頼関係をどのように育むべきか。これは意外と簡単な取り組みで十分な効果が得られることを、私は競技を通して実感しています。

ロンドン五輪を終えた後、ジュニアの日本代表チームでヘッドコーチを務めていたときのこと。各地から招集された選手たちが集まり、まずは自己紹介から始めるわけですが、そこで所属や種目を口にしたところで、すでに名簿に記載されている情報に過ぎません。

そこで私は選手たちそれぞれに、自分の特技や特徴をアピールさせることにこだわり、さらにその場にいるメンバーに他己紹介をさせました。これだけのことでも、初対面の人間も多いチームの空気が、あっという間にほぐれていくのを感じました。

ここで質の高いトレーニングを積み、他のトップ選手と有意義な情報交換ができたことが奏功したのか、このときの参加メンバーはその後、好成績を収めています。後に丈志のライバルとなる坂井聖人や、先日世界新記録を出した渡辺一平も、このときのメンバーでした（もちろん彼らの成長は本来持っていた素質と努力の賜物ですが）。

最近では男子８００メートルフリーリレーの種目で52年ぶりの銅メダルをもたらしたリオ五輪。ここで私は丈志のほか、小堀勇氣、江原騎士らの指導を担当しています。個人種目でも出場を決めていた萩野公介が後で合流するわけですが、世界トップクラスの選手を率いる際、当初はやはり関係の育み方に配慮が必要でした。

そこでまず、４歳の頃から指導している丈志には、「あんたはもう、私の練習法はよくわかっているだろうから、まずは他の２人を徹底的に見るからね」と断りを入れ、小堀と江原の指導に集中することから始めました。

強い絆を育むには、どうしても時間が必要です。いくら同じ代表メンバーだからといっても、短期間のうちに私と丈志のような関係を築くことは不可能。しかし、いきなり絆を育むことはできなくても、信頼関係をつくることはできます。

そのために指導者としての私に必要だったのは、一人ひとりとどれほど真剣に向き合っているのかをその選手に理解させ、小堀には小堀に、江原には江原に合った指導をしっかりと使い分けることでした。

タイプでいえば、小堀勇氣という選手は、コツコツとした努力型である一方で、目を向けてほしい性格。一方の江原騎士は、繊細な天才肌で、ちょっといい加減なところがある憎めない選手。自ずと、ハードなトレーニングを課す中でも、口の出し方が変わってきます。

たとえば小堀に対しては、オーバーワークに気をつけてやったり、集中し過ぎるあまり視野が狭くなってしまわないよう導いてやらなければなりませんし、江原には時に、ピシャリと引き締める厳しい言葉も必要です。

私がそうした個々の性質と向き合っていることが伝わると、選手にも自然と、「久世コーチは本気で指導してくれている」と理解してもらえます。
そうした〝全力の本気〟は、同じ目標に向かって邁進するチームの中で、潤滑油になります。

果たしてここに、勝手のわかっている松田丈志、そして、自由形でも世界トップレベルの実力を持つ萩野公介が組み合わさったとき、リレーメンバーの関係性は理想的なものに仕上がりました。

単純に、これほどの実力者が揃うのはレアケースですし、それぞれの充実度、そしてチーム内の信頼関係がつくりだすムードを見て、私は「必ずメダルに手が届くはず」と確信したのです。

教え

良好なチーム環境は成長を後押しする。

年齢に応じたコミュニケーションを意識する

成功を求めて努力を続けていくためには、強い目的意識とモチベーションが必要です。そしてそれが、パートナーと理想的に共有できていれば、努力に注ぐエネルギーが枯渇することはありません。

そのプロセスで欠かせないのが、密なコミュニケーションです。

相手を知り、自分を知ってもらうためには言葉が必要。つまり、コミュニケーションの総量は、そのまま関係性の濃度に影響します。これはビジネスパートナーや夫婦においても同様ではないでしょうか。

実際、私が丈志のトレーニングにつきっきりになっていたことで、夫や子どもたちには少なからず負担を強いました。それでも28年もの間、家族が快く私たちを応援してくれたのは、ひとえに綿密なコミュニケーションがあったからです。

私と丈志がどのような思いで目標に向かい、そのためにどれだけの努力を積み重ねているかを伝える努力をし、理解してもらえていたからこそ、久世家が一丸となって丈志の競技人生をサポートできたのだと思います。もしこれが、どこで何をやっているのかよくわからない状態であれば、大会や合宿でたびたび家を空けることに対して、家族はあまりいい顔をしなかったでしょう。

また、理想的なパートナーシップを育むうえでは、コミュニケーションも段階的に深めていくことが大切です。

私たちの場合はとくに、丈志が4歳という幼児の頃からの付き合いであるため、年齢に応じたコミュニケーションを意識する必要がありました。

丈志が子どものうちは、まだ大人と子どもの関係を維持し、やるべきトレーニングを厳しく課すようにしていました。それがやがて高校生になると、彼なりに自分の意見を持つようになります。しかし、この時点では聞くだけ聞いてやることはしても、練習の内容や方針については、こちらの言うとおりにさせていました。

コミュニケーションのかたちを少しずつ変えていったのは、丈志が二十歳になってからのことです。彼なりに見聞きし、学んできたトレーニング理論を提案してくることが増えました。それらの中には、私にとって新たな発見となるものも少なくありません。

そこで丈志が成人したのを機に、自分たちのスタイルに合った練習方法を取り入れるため、２人で話し合う機会が増えました。

ただし、松田丈志という選手の性格を熟知していることは、コーチとしての私の強みです。たとえば、丈志の新しもの好きな性格を、私はよく理解しています。他の選手が物珍しいトレーニングをこなしていると、自分もそれを試してみたくなるのが彼の性分です。

しかし、そこで何でもかんでも取り入れていては、どれも中途半端になりやすく、伸びるものも伸びません。彼の好奇心を制御しながら、できるだけモチベーションを損なわないよう気を配るのも私の役割でした。

具体的には、丈志が持ってきた新しいトレーニング法をじっくり吟味し、その一部を全体の方針がぶれない程度に、次の日のメニューに組み込んでみる。実際に試してうまくハマるようであれば、引き続き継続してみるわけです。

これなら丈志としても、自分の意見が取り入れられたトレーニングに、意欲的に取り組むことができます。

こうした工夫が成長の支えとなったものと私は考えています。

教え コミュニケーションとは理解し、理解されること。

逆算の視点を持つ

よく聞かれることですが、不思議なもので私はこの28年間、丈志とのトレーニングを辞めようと考えたり、やる気を失ったりしたことは、一度たりともありません。なぜなら、金メダルという目標は丈志だけのものではなく、私にとっても唯一無二の目標であったからです。

それでも、オリンピックは4年に一度の大会ですから、途中で中だるみする時期もあるのではないかと思われるかもしれません。実際、周囲はそうした懸念を持っているようでした。

ところがそうならなかったのは、この「4年」を、金メダルを獲るために「必要な時間」と解釈していたことが大きかったのではないかと思います。

誰しもゴールが見えていなければ、長い距離を走るのは辛いもの。しかし、オリンピックで金メダルを獲るというゴールをイメージし、それを達成しようと考えたなら、相応の準備が必要です。

ここで必要なのが、逆算の視点でした。

松田丈志がいま備えている力を、金メダルが獲れるレベルまで引き上げるためには、どこをどれだけ伸ばし、何を追加すればいいのか。現状を適切に分析し、そのために必要な時間を具体的にイメージしてみれば、私たちにとって4年は決して長くありません。むしろ、1年でも2年でも、オリンピック本番を先延ばしにできるのであれば、それだけ周到な準備ができると喜んだでしょう。そのくらい、目指す目的に向けて私たちは本気だったわけです。

こうした考え方は、仕事でも子育てでも同様でした。段階的に成果を確認し、次の目標を立ててそれを達成するために必要な時間を逆算する。そのサイクルが理想的にまわっていれば、中だるみに陥る暇などありません。

つまりこれも、明確な目標があればこそです。もし皆さんの中でも、すでに大きな目標がある人がいたら、それ自体がひとつの財産であると考えて、ゴールから逆算して行動計画を立てるといいでしょう。

まだそうした大きな目標が見つかっていない人であれば、たとえば「いつまでにこの資格を取得する」「個人の売上げをいくらに伸ばす」などといった、短中期的な目標を持つのでもいいでしょう。

もっとも、28年間没頭してきた「松田丈志の育成」が手を離れた今、私は久しぶりにゆったりとした時間を満喫しています。

家族と過ごす時間を楽しみながら、東海スイミングクラブで子どもたちを教え、講演や企業研修でこれまでの体験から得た学びを語る。これらは何らかの目標に則ったものではありませんが、今だからできることではあるのでしょう。

そして、東海スイミングクラブの教え子の中には、将来が楽しみな選手もいます。丈志のように大きく育つかどうかは、これから本人と私、そして家族が目標に向けて一体となれるかどうか次第。もしそうなれば、また私に大きな情熱を与えてくれることでしょう。

情熱を育み、維持し続ける

久世由美子

いまは自分の活動を楽しみながら、その成長を楽しみに見守っています。

教え

周到に逆算された目標があれば、情熱とモチベーションは失われない。

第三章

周りの力を自分の力に変える

Takeshi Matsuda

松田文志

応援される人になる

何か大きなことを成し遂げようと思うなら、自分一人だけの力でそれを全うするのは困難です。そのため、目標を持ったその瞬間から、必ず応援者の存在が必要となります。それは、スポーツでもビジネスでも同じことでしょう。

私の場合でいえば、水泳でオリンピックを目指すと決めたときから、両親の応援が必要でした。

なにしろ当時は小学生でしたから、東海スイミングクラブに支払う会費の負担や、プールまでの送り迎えなど、親に強いる負担は決して少なくありません。それでも快く協力してもらうためには、自分が掲げた目標をはっきりと伝えて共感してもらい、一番の応援者になってもらう必要がありました。

周りの力を自分の力に変える

松田丈志

本気で応援してもらうには、目標に向かって一生懸命に頑張る姿勢を見せることが大切です。これは、上辺だけ取り繕っても伝わるものではありません。逆に、本気であれば必ず伝わるものだと思います。

当時から久世コーチがよく、「一生懸命やっていれば、誰かが助けてくれるから」と私たち教え子に言っていたのを思い出しますが、これは真理でしょう。

皆さんの職場や学校でも、頑張っている同僚や、人一倍頑張っている後輩というのは、誰しも支えてやりたくなるはず。おそらく最初に助けてくれるのは、そのとき、最も身近にいる上司や先輩ではないでしょうか。当時の私にとってのそれは、家族だったわけです。

そして、こうした応援者の輪は、戦うステージや目標が大きくなるのに合わせて、少しずつ広げていかなければなりません。自分一人の力では、やがて必ず越えられない〝壁〟に行き当たります。

小学生、中学生の頃は私も久世コーチの指導に従い、東海スイミングクラブでとことん自分を追い込むことで力を伸ばすことができましたが、やがて高校生、大学生と年齢を重ねていき、オリンピックなど世界の舞台で戦うようになると、科学トレーニングやコンディショニングなどの面で、多くの情報やより踏み込んだ専門知識が必要になりました。さらに、世界で戦うために海外遠征に出かけようと思ったら、金銭面でサポートしてくれるスポンサーの存在が欠かせません。

このように、成功に向けて輪を広げていくためには、周囲の力を自分の力に変える努力が必要なのです。

ところが、人より秀でた能力を持つ人は、この点に気がつかないまま、非効率なスタンドプレーに走っていることが珍しくありません。それではせっかくの資質も宝の持ち腐れではないでしょうか。

自分が持っている力は、周囲の協力を得ることで、何倍にも大きく育ちます。

大きな目標を掲げ、努力の道筋を見据えたら、適宜、周囲を見渡すことも大切になってくることを、私は28年の競技生活で学ぶことができました。

周りの力を自分の力に変える

松田丈志

自分が必要としている知識や能力を持つ人が、意外と身近に存在することに気がつくかもしれませんし、予想もしなかった人がチャンスをくれることだってあるかもしれないのです。

学び

自分ひとりでは越えられない〝壁〟がある。

先人の知恵と経験を自分の力に変える

インターネット全盛の昨今、人はノウハウや情報を非常に簡単に手に入れられるようになりました。

それによって情報過多に陥ることを懸念する声もあるでしょうが、知識は少ないより多いほうが有利であるのは明らかです。私自身、大学や大学院でスポーツ科学を学んだことが競技生活に活かされていますし、その手の専門書を読み漁ったことも、やはり無駄ではなかったと実感しています。

多くの文献にあたっているうちに、それまで考えが及ばなかった新しいメソッドに出会うことは珍しくありません。あるいは、自分がそれまで取り組んできた手法と同様の内容を指南する本も少なくなく、それによって「自分たちの方向性は間違っていなかった」と安心感が得られることもありました。そういった意味からも、多くの情報に触れることは有意義でしょう。

水泳の世界でいえば、より速く泳げるようになるための、科学的な根拠を持つトレーニングというのは確かに存在しています。

ただし注意したいのは、具体的なトレーニング方法やロジックを手に入れると、人はそれだけで何かをこなした気になり、満足してしまうということです。自分を伸ばしていくために本当に必要なのは、ノウハウだけではなく、それをやり抜くことのできるエネルギーなのです。

さらに自分の体験からいえば、インターネット上にはたしかに多くの情報が存在していますが、どうしても表面的なものが多くなるのも事実です。そのため、トレーニング理論を自ら実際に試してみる必要がありました。ときには、そのジャンルのエキスパートに知見を仰ぎに行く必要もありました。

また、自分にマッチする方法論も人それぞれでしょう。その意味で、情報を多く集められることよりも、自分にとって有意義な情報を取捨選択することも大切です。

つまり、真に有用なノウハウというのは、最終的に自分自身が実践することでしか得られないものなのです。これは情報化社会だからこそ、忘れてはならない真理だと思います。

そうした前提を正しく理解したうえでインターネットや文献に知識を求め、先人の知見を自分の力に変えていくことは、自らを伸ばしていくうえで非常に有用なことです。ただし、繰り返しになりますが、ノウハウを学ぶだけでは不十分です。水泳でいえば、効果的なトレーニングほど負荷が高く、選手にとって辛いもの。つまり、それを実践し、継続するのは非常に大変な道程なのです。

これも、スポーツに限った話ではないように思います。

学び　ノウハウは必要。しかしもっと必要なのは、それをやり抜くエネルギー。

周りの力を自分の力に変える

松田丈志

新しい刺激を自分に与える

人には必ず、伸び盛りの時期とそうでない時期があります。最大限の努力を積み重ねているつもりでも思うような結果が出せない――そんな時期を、人は「スランプ」と表現します。そんなとき、皆さんはどう対処するでしょうか。

スランプ状態に陥っても、めげずに努力を続ける心意気は大切です。しかし、スランプ状態にもかかわらず、それまでと同じ方法をひたすら繰り返しているようでは、その先に進むことは難しいと言わざるを得ません。では、どうするべきでしょうか。

私が長い競技生活を経て痛感したのは、結果や成功が伴わない場合は、〝変化〟を加える工夫をすることが重要だということです。

私自身、中学時代に全国優勝を果たしながら、高校での3年間、伸び悩んだ経験を持っています。どれだけ自分を追い込んで練習を積んでも、思うようにタイムが伸びず、一体何が良くないのか、毎日頭を悩ませていました。

しかし、どれだけ考えたところで正解が見つかることはなく、結局、練習量や気構えが足りていないのだと考えることで、自分を納得させるしかありませんでした。

人は、どんなことにでも「慣れる」生き物です。そして、トレーニングは身体に対するひとつの刺激といえるでしょう。

しかし、どれほどハードなトレーニングでも、やがて身体が慣れてくると、以前ほどの負荷を感じなくなるものです。あるいは、同じくらいの負荷は感じても、それをこなすことが苦ではなくなってくるのです。

もしかすると、この慣れは、トレーニングの効果が下がってきているということかもしれません。

そのように考え至った私は、久世コーチと話し合った末、他のトップ選手がどのような練習を積んでいるのか、外の世界に目を向けてみることを決めました。具体的には高校3年生の冬、当時の世界チャンピオンであるオーストラリアのグラント・ハケット選手のもとを訪れ、練習に一ヶ月間参加させてもらったのです。

果たして、この経験は私たちに、新たな刺激をふんだんにもたらしてくれることとなりました。

ハケット選手は、今まで見た日本人の誰よりも速いスピードで、とことん自分を追い込む練習をこなしていました。どちらかというと、多少スピードを犠牲にしてでも距離を重視したメニューを中心としていた私たちにとって、これは新鮮な光景だったといえます。

ずっと二人三脚でやってきたからこそ得られたものが多いのも事実ですが、その分、閉ざされてしまった部分だってあったでしょう。一本泳ぎ終えてタッチするたびに、毎回そのまま壁にもたれこんでしまうほど力を出し切っているハケット選手の姿を見て、私は思い知らされたものです。

「世界王者でもあれほど厳しい鍛錬を積んでいるんだ。自分の練習はまだまだ足りていなかった」

これはひとつの大きな転機となりました。本物の努力にふれることで、より頑張る勇気をもらったような気持ちを得たのです。

マンネリやスランプを感じたら、それは心身が新たな〝刺激〟を欲しているサインかもしれません。それまでと発想を切り替えてみれば、成長のスピードが上げられるのではないでしょうか。

学び

マンネリやスランプを感じたら、何か刺激を変えてみよう。

悔しさを糧にする

人が仕事をするうえで、最後まで何もかもが順風満帆に運ぶケースというのは稀でしょう。

時には上司や先輩からこっぴどく怒られたり、あるいは努力が実らず目指す結果に届かなかったり、精神的に参ってしまうようなこともたびたびあるのではないでしょうか。

しかし、どれだけ結果を悔いたところで後の祭り。くよくよしていても、時間を巻き戻すことは誰にもできません。

どうせ悔しい思いをするのなら、それを成長のチャンスとポジティブに捉えたほうが得でしょう。悔しさはときに大きなモチベーションとなることを、私は28年間の競技生活の中で何度となく学んできました。

高校時代に7秒差でシドニー五輪への出場を逃したとき。私はこの7秒を、「絶対にオリンピックへ行くんだ」という覚悟の差だと解釈し、後にそれを猛烈に後悔しました。

大学進学後、その悔しさがフラッシュバックするたびに自分で自分を叱咤激励し、いっそう厳しい練習を重ねる原動力に変えました。その結果、一年生の後半あたりから少しずつ状況が開けていきます。まずはユニバーシアード競技大会で優勝、次いでインカレでも好記録をマーク。そして大学2年生の春に迎えたアテネ五輪の選考会で、私は200メートルバタフライで優勝を果たし、ついに代表入りを決めることができました。

もし、あのときの7秒がなかったら、オリンピック出場の夢をかなえるまでに、もう少し時間がかかっていたかもしれません。

また、そのアテネ五輪においても、さらに悔しい出来事がありました。

その時点で私は、当期世界ランキング3位の記録を持っていました。だから当然、世間からはメダル獲得が期待されることになり、大きな声援を受けて日本を発つこととなります。

ところがこの大会、私は１５００メートル自由形では予選敗退、２００メートルバタフライでは準決勝敗退と、応援してくださる皆さんの期待に応えることなく姿を消すことになるのです。

唯一、４００メートル自由形では決勝進出を果たし、一定の快挙として伝えられはしたものの、決勝レースでは８位にとどまり、ついにメダルに絡むことはありませんでした。

あくまで目標としていたのはメダル獲得ですから、自分自身、この結果には少なからず落胆しました。もちろん本番で実力を発揮できなかったのも実力のうちですし、経験不足も随所で痛感させられました。

それでも「次の北京こそは！」と自らを奮い立たせながら帰国した私を待っていたのは、メダリストとそうでない選手との残酷なコントラストでした。

まず機内のシートからして、メダリストはビジネスクラスが与えられるのに対し、私たちはエコノミーという格差。さらに成田空港に到着すると、そこは選手団を出迎える黒山の人だかりができあがっていましたが、彼らが見たいのはあくまでメダリストで、私たちは歓声と拍手に包まれる彼らの後を、すごすごと歩いていくことになります。

また、メダリストたちは帰国会見を行なうために、都内への送迎バスに乗り込みます。他方、メダルを持たない選手はそのまま解散。「メダリストの皆さんはこちらへどうぞ。それ以外の皆さんはお疲れ様でした」と係員の方の誘導されたときの惨めな気持ちは、今でも忘れられません。

余談ですが、私がロンドン五輪で、「（北島康介さんを）手ぶらで帰らせるわけにはいかない」とコメントしたのも、この経験があればこそ。あれほどのスター選手にこんな思いをして欲しくないと、強く思ったからでした。

この4年後、私は北京五輪の男子200メートルバタフライで、銅メダルを獲得することになります。これも、アテネ五輪で味わった惨めな思いが原動力になったといっても過言ではありません。

周りの力を自分の力に変える
松田丈志

悔しいと感じるのは、さらにいい結果を出したかったという気持ちがあるからです。この感情と正面から向き合い、受け止めることが大切。悔しい思いは次への努力にそのままぶつければいいのです。

学び

悔しさを自分の原動力に変える。

北島康介さんの姿を見て気づかされた、自分に足りなかったもの

アテネ五輪といえば、屈辱のメダルなしに終わった苦い思い出ばかりが先に立つものの、これは私にとって大きな転機となる大会でした。

北島康介さんが出場した100メートル平泳ぎの種目では、実は大会の1ヶ月前くらいに、ブレンダン・ハンセンというアメリカの選手が世界新記録をマークしていました。そのため、多大な期待を背負いながらも、チーム内外に〝北島危うし〟というムードは色濃く、北島さん本人もきっと、絶大なプレッシャーの中で挑んだオリンピックだったと思います。

ところが、蓋を開けてみれば抜群の勝負強さを見せ、北島さんは見事に金メダルを獲得。その姿は日本中に感動を与えました。

周りの力を自分の力に変える
松田丈志

そこで喜びを爆発させたのは本人だけでなく、周囲の選手や関係者も同様でした。あれほど追い込まれた状況でありながら、ここ一番で力を発揮するエネルギーには、私もただただ感服するばかり。

そして何よりも印象的だったのは、北島さんの勝利を見た選手やコーチの多くが、喜びの涙を流していたこと。それまで、どちらかというと一匹狼を気取り、自分は久世コーチとともに我が道を行くスタンスでやってきた私にとって、これは痛烈なインパクトを残すシーンでした。

それまでの私は、決して周囲との関係が悪いわけではありませんでしたが、自分は自分のやるべきことを粛々とこなしてさえいればいいと考えていたことは否めません。もし自分が金メダルを獲得していたとしても、彼らが涙するほど喜んでくれたかどうかは疑問でした。それは、「北島さんにあって、私にないもの」を、そのまま表しているように感じてなりませんでした。

チームメイトの歓喜の涙は、北島さんがいかに愛され、応援されていたかを示すもの。重圧をはねのけて力を発揮できるのも、こうした北島さんの人間性と、それを支えるチーム力の賜物ではないか。そう考えを改めるきっかけを、北島さんの勝利は与えてくれました。

オリンピックという大舞台で結果を残すためには、周囲の力を自分の力に変えられる人間にならなければならない。これは私の精神面をアップデートする、大切な気づきとなりました。

学び

愛され、応援されることは、重圧をはねのける力となる。

第四章
「折れない魂《メンタル》」の育み方

Yumiko Kuze

久世由美子

準備の質と量が心を強くする

大きな目標に向かう道程では、途中でさまざまな壁やトラブルに行き当たったり、時には目標に挑むこと自体をあきらめそうになったりすることもあるでしょう。

そうした状況に打ち勝ち、乗り越えていくためには、何があってもへこたれない強靭な精神力が必要です。私はそれを〝折れない魂〟と呼び、丈志が子どもの頃から、何度となく教え込んできました。

といっても、これは当然、一朝一夕で身につくものではなく、生まれ持った性格に左右されるところも大きいでしょう。しかし、精神力も筋肉と同様、トレーニングによって向上させることは可能であると私は考えています。

誰しも目標をかなえるためには、いま持っている精神力を上積みする努力が不可欠です。筋トレを積むほどパワーが増すように、精神力というのは、目標に向けた準備を入念に重ねるほど増していくものです。

スポーツ経験のある人であれば、本番に備えて十分なトレーニングを積むことができたときほど、堂々とした気持ちで当日を迎えられる――そんな体験をした覚えがあるのではないでしょうか。

逆に、明らかに練習不足の状態では、強い気持ちでレースに臨むことはできません。つまり、たくさん準備すればするほど、何があってもびくともしない精神力が養われるのです。

そして、準備の質と量を上げていくためには、明確な目標が必要。その点、私たちは「もっと強くなりたい」「金メダルを獲りたい」という思いが一致していたことが、大きな強みとなりました。

強力な目標を共有しているから、自分たちが何をすべきか明確になり、ぶれずに入念な準備を積み重ねることができるのです。

なお、その準備の中には、選手としての土台づくりが含まれています。土台づくりとは、具体的にいえば、「礼儀」と「強い体」を身につけることです。

まずは「礼儀」です。より快適な環境で競技を続けていくためには、周囲を味方につける必要があり、そのために礼儀やマナーが欠かせません。他人から好かれない選手は、周囲の十分なサポートを受けられず、練習環境として不利になります。このことについては第三章でもお話ししたとおりです。

もうひとつの「強い体」ですが、アスリートにとって怪我はブランクに直結し、それだけ鍛える時間を縮めます。つまり、怪我のない強靭な体をつくりあげることは、それだけで選手にとって何より有利なことなのです。

そう考えていた私は、丈志ができるだけ故障をしない体をつくるために、ストレッチや準備運動を徹底させてきました。

水泳は水の抵抗をかき分けて進むスポーツですから、油断をすると、負荷のかかる部位をすぐに傷めてしまいます。ハードな練習を重ねるアスリートはただでさえ故障も多く、日本代表チームを見ても、どこかに故障を抱えている選手は珍しくありません。

そこで私は、これではいけないとオリジナルの体操とストレッチを考案しました。

水泳においてとりわけ怪我をしやすい部位を念入りにほぐすもので、東海スイミングクラブでこれを取り入れたところ、故障者は目に見えて減っていきました。

練習後のクールダウンも同様ですが、これらは選手やコーチにとって効果が実感しづらく、面倒に思われがちなものです。そのため、つい手を抜く人も少なくありません。

だからこそ習慣化することが大切で、丈志には将来を見据え、幼い頃から徹底的に教え込んできました。引退するまでの28年という長きにわたって、とくに大きな怪我をすることなく第一線で泳ぎ続けられたのも、その成果といえるでしょう。

教え

折れない心を鍛えて身につける。

人をやる気にさせる言葉を見つける

明確な目標を持っていても、時には気持ちが乗らなかったり、どうしてもやる気が起きなかったりする日もあるでしょう。そこで身近な人間が、いかにモチベーションを駆り立ててやれるかというのは、チームづくりの観点からも重要です。

しかし、気持ちが乗らない原因も、やる気が入るスイッチのあり方も人それぞれ。ただ単に「頑張れ」と声をかけるだけでは、あまり効果は見込めません。

問題は、その人間のやる気の源がどこにあるのかを見極めることであり、どうすればスイッチが入るのかを知ることです。

実際、さまざまな選手を教えていると、おだてればやる気になるタイプもいれば、厳しく接することで「なにくそ」と燃えるタイプもいて、モチベーションの所在は多種多様であることがよくわかります。

ちなみに丈志の場合は、「あんたならやれるよ」というフレーズが効果的だったようですが、これは私なりにきちんと根拠があって用いていた言葉です。

丈志は幼い頃から、少しでも速く泳げるようになるため、一生懸命に頑張る子どもでした。東海スイミングクラブでは、ときに実力順にコース分けをします。そこでは隣のレーンの選手を抜くたびに、順繰りにレーンを上がってくるという練習をやったこともありました。そこで丈志は、相手が年上だろうが誰であろうが全力で勝ちに行き、結果としてハイペースでレーンを駆け上がってきたものでした。

つまり彼は、頑張れば上へ行けることを、肌身で知っている選手です。そのつど叱咤激励しながら、そうした成長のプロセスを見届けてきた私が「あんたならやれるよ」と言えば、相手がいくつも年上の先輩選手であっても、「久世コーチがそう言うのなら、頑張れば手が届くレベルなのだろう」と実感でき、それが彼の可能性を引き上げました。

本当にやる気にさせる言葉を見つけるためには、相手の性格や背景を熟知しなければばなりません。そして、それはやはり、人と人が本気で向き合うことでしか、見つけられないものなのでしょう。

教え

相手の心を動かす言葉は、本気で向き合うことで見えてくる。

どんな環境でも強いメンタルは育つ

東海スイミングクラブはもともと、本格的な選手育成を目指して立ち上げられたスイミングクラブではありません。一人でも多くの子どもたちに水泳の楽しさを教えたい、泳げない子どもを泳げるようにしてやりたい、そんなモットーから有志でつくりあげた、ボランティアでやっている片田舎の小さなスイミングクラブです。

いまでこそ丈志の活躍ですっかり有名になりましたが、プールは雨よけのビニールハウスを被せただけの、非常に簡素な施設です。知らない人からすれば、とてもメダリストを輩出したプールには見えないでしょう。

それでも最近は、「東海スイミングクラブの練習を体験したい」と、他の地域の水泳選手たちが遠征してくる機会が増えてきました。とくに丈志が現役を退いてからは、そうしたオファーを受け入れる余裕ができ、私たちも多くの刺激をいただいています。

昨年末のこと、ある競技の日本代表チームが、東海スイミングクラブへやってきました。

その日はほかにも、他県からやってきた学校がいくつかあり、東海スイミングクラブのプールはいつも以上に賑わっていました。

彼らが練習する様子を興味深そうに見守っていた日本代表メンバーたち。そこで私が、「皆さんもプールに入って、一緒に練習しませんか」と水を向けてみたところ、メンバーの一人が「いやいや。我々は日本代表ですから、この中に加わるのは無理があるでしょう」と、やんわり断りの文句を口にしました。

それでも、ただ見ているだけなのと、実際にやってみるのとでは、得るものは違います。私がそう強く勧めると、メンバーたちはしぶしぶといった様子で水に入る準備を始めました。きっと内心では、「なぜ日本代表を務める自分たちが、小中学生に混じって泳がなければならないのか」と、釈然としない思いだったのではないでしょうか。

しかし、実際に他の学生たちと一緒にメニューをこなし始めてみると、メンバーの大半がぜいぜいと息を切らし、「こんなにキツいものなんですね」とびっくりした顔を見せるのです。

もちろん、彼らは水泳を極めようとしている、れっきとしたスポーツ選手です。これは彼らの実力不足ということではなく、競技が違えば鍛える部位も異なるため、慣れないメニューが辛いのは当然です。

ここで言いたいのは、「場所や環境を選んでいては、せっかくの学びの機会を失うことになる」ということです。

学生たちに混じって練習することに抵抗を感じていたのは、彼らのプライドだったのでしょう。しかし、そうした精神的な垣根を取り払えるかどうかもまた、メンタルの強さのひとつであるはずです。

水から上がった後には、彼らに丈志の練習風景をビデオで見せながら、28年間の体験についてあらためて解説しました。そのビデオには、隣のレーンで小学生や中学生が泳ぐ中、独り黙々と自分を追い込む丈志の姿が映っています。それは東海スイミングクラブにとって、日常的な光景にすぎませんでしたが、代表メンバーたちにとっては、少なからずショッキングだったようです。

客観的に見て、松田丈志という選手は非常にメンタルの強い選手です。それは子どもの頃から備えていた負けん気によって育まれた部分も大きいですが、こうしたある意味で孤独な環境の中、淡々と自分自身と戦い続けた日々の賜物でしょう。

逆にいえば、小中学生と一緒に泳がなければいけないような環境でも、強いメンタルを育むことはできることを、このビニールハウスプールは証明しているのです。

丈志の軌跡にふれた経験は、日本代表メンバーの彼らにとって、きっと精神的な成長のきっかけになったに違いありません。

教え

場所や環境を選ぶことは、「機会」の損失である。

本拠地《ホーム》を持つ

丈志にとっては、４歳の頃から慣れ親しんだ東海スイミングクラブのプールを本拠地にし続けてきたことが、精神的にさまざまなプラスの効果を与えていたと思います。

前述したように、東海スイミングクラブではレベルの見合う練習相手がいないため、独りで自分自身を追い込み続けなければいけないデメリットはあります。しかし、勝手を知っている施設だからこそ、たとえば泳ぎながら見えるプールサイドの風景の「高低差」から、「今日は自分の体が沈み過ぎているな」などと、その日の状態を知ることができます。

丈志は大学生になって延岡を離れてからも、大事な大会前には必ずといっていいほど地元に帰ることにしていました。そこで地元の人々や家族から応援の声をもらい、新たにモチベーションを湧かせていたのです。応援してくれる人々の存在は、アスリートの心を奮い立たせてくれるものなのです。

あるとき練習を共にしていた選手に、「あなたも大事な大会前に地元に帰ったらどう？　きっとエネルギーが湧いてくるよ」と勧めたことがありました。しかし、彼は言います。

「いいえ、僕は帰らずにここで練習を続けています」

「そう？　たまには家族に顔を見せてあげて、そして、地元の応援をもらってくればいいのに」

「そうなんですけどね。でも僕、普段からあまりマメに帰らないタイプなんです」

人それぞれなので、無理には言いませんでした。

故郷に対するスタンスはいろいろです。ただ、ホームグラウンドの存在がメンタルを育む要因となり得ることについては、知っておいて損はないのではないでしょうか。

教え

応援してくれる人々の存在は、アスリートの心を奮い立たせてくれる。

第五章

ロンドンの“敗戦”とリオへの挑戦から学んだこと

Takeshi Matsuda
松田文志

常に自分の目標を意識する

目標というのは、むやみに高ければいいというものではありません。しかし、どれほど高い目標であっても、それと真摯に向き合った時間の長さは、必ず結果に反映されるというのが、28年間の競技生活を経て得た、私の実感です。

その意味で、早いうちから明確な目標設定をしていることは大切です。早ければ早いほど、それだけ目標を意識する時間は長くなり、その分、達成するために何をするべきか、どうすれば早く到達できるか、知恵を絞って試行錯誤する時間が生まれるからです。

この点において、私の場合はやはり久世コーチの存在が大きく、早いうちから松田丈志という選手をいかに強く、いかに速く鍛えるかということに知恵を絞り続けてもらったことが、今の私をつくったと思っています。

これは仕事やビジネスについてもいえるのではないでしょうか。

たとえば、「いつか起業したい」と漠然と思っている人と、大学生のうちから「30歳で起業する」と目標を定めている人がいたとしたら、後者のほうが20代をより有意義に過ごせるはずです。なぜなら、30歳までの残り時間を7~8年と逆算して、それまでの間に、独立して戦えるだけの成長材料を懸命に集めようとするからです。

設定されている目標は、それを達成するための正しい選択肢を教えてくれます。たとえば20代後半に転職の話が持ち上がったとします。そのとき、将来の明確な目標を持たない人は、条件面や環境面を比較し、本当に転職に踏み切っていいのかどうか、悶々と頭を悩ませるのではないでしょうか。しかし、「30歳で起業」と決めている人には、その転職が将来の起業に役立つかどうかという、明確な判断基準があります。

同じ職場で同じ年月を過ごすとしても、より有意義な時間を過ごすことができるのは、目標が設定されている人なのです。私の場合はそれが、オリンピックでした。

果たして、最初のアテネではメダルなし。次の北京では銅メダル。そしてロンドンでは個人で銅メダル、メドレーリレーで銀メダルを私は獲得することができました。これにリオでの銅メダルを入れて、計4つのメダルを手にするわけですが、結局、金メダルを獲ることはできなかったものの、明確な目標なくしてこの成果はあり得なかったでしょう。

すべては金メダルという目標と向き合い続けた時間の賜物であり、金メダルを獲るためにはどうしたらいいかという視点でトレーニングを積んできたからこその結果といえます。

学び **目標と向き合った時間の長さは、必ず結果に反映される。**

あえて厳しい環境を選ぶ

険しい道と楽な道、目の前に2つの選択肢があったとき、皆さんはどちらを選びますか？　よほど特殊な事情がないかぎり、楽な道を選ぶのではないでしょうか。

しかし、わざわざ選んだ険しい道には、その厳しい道程を補って余りあるリターンが待っているとしたらいかがでしょうか。

私の競技人生には、何度か現役続行の危機がありました。そのひとつが、スポンサー問題に直面したときのことです。

私たちアスリートの中には、企業からスポンサーを受ける選手が少なくありません。世界で戦うためのトレーニングには、少なからずコストがかかります。トレーニングに用いる道具や国内外での合宿費、あるいは選手によってはスタッフの人件費も必要でしょう。つまり、私が他に仕事を持つことなく生活し、競技に専念してこられたのも、スポンサー企業のおかげなのです。

ところが、2008年秋に起きたリーマンショックの影響で、それまで契約を結んでいたスポンサーが翌年一杯での契約満了を決定。私は収入源を失いました。

アスリート支援は企業にとって文化事業の一環ですから、本業の事情によってそれが継続できなくなるのはやむを得ないことです。私と久世コーチは気持ちを切り替え、次のスポンサーを躍起になって探すことになりますが、リーマンショックに起因する不況の折、手を挙げてくれる企業は一向に見つかりません。

次のロンドン五輪に向けてフィジカル面では絶頂期に差しかかっていた私ですが、先立つものがなければ泳ぐことはできません。道半ばにして、現役引退も考えなければならない状況に追い込まれてしまいました。

それでもあきらめなかった私たちは、業績の良さそうな企業をリストアップして、500社に向けて直談判の手紙を書いて送りました（※第十章参照）。こうした懸命な営業活動を続けた結果、新たなスポンサーとなるコスモス薬品と出会えたことは、幸運というしかありません。

単に競技を続けることだけを優先するのであれば、ある意味で〝楽な選択肢〟も存在していました。それは大手のスイミングクラブに所属することです。大手のクラブに行けば、充実した施設が整い、他の所属選手と共に、ロンドン五輪まで不自由なく競技を続けることができるでしょう。

しかし、あえてそうした道を選ばなかったのは、それまで久世コーチと二人三脚でやってきた、自分たちのスタイルにこだわったためでした。

大手クラブに所属すれば、会社の方針に従い、合宿や試合などの年間スケジュールを考えることになります。そこには会社の予算もかかわってくるでしょう。もちろんそのやり方が悪いわけではありませんが、それまでずっと久世コーチと活発に意見交換しながら年間計画やトレーニング法を模索してきた私にとって、それで本当に実力を発揮していけるのか疑問がありました。

何より、松田丈志という選手と全力で向き合い続けてくれる久世コーチがいるからこそ、自分もまた全力で水泳に打ち込んでこられた経緯があります。

また私には、水泳選手として、オリンピックメダリストとして、経済面でも、自分の足でしっかり立てる選手でありたいというプライドもありました。

結果的に、これまでのスタイルを続けるという厳しい道を選び、どうにかそれをかなえたことが、ロンドン五輪での２つのメダルにつながったわけです。

逆にもし、一抹の疑問を持ちながら大手のクラブで競技を続けていたら、覚悟や決意が薄れ、この結果には届かなかったかもしれません。


また、リオ五輪への挑戦も私にとっては厳しい道の選択でした。

ロンドン五輪では金メダルを目指し、ありとあらゆることを全力で取り組んだつもりでした。しかし目標の金メダルには届かず、悔しい思いをしました。

そこからリオへの挑戦を決めて、皆さんに発表するまでには2年近くの時間がかかりました。なぜなら、ロンドン五輪以上のパフォーマンスが自分にできるのかどうか、自分でもわからなかったからです。32歳という年齢は水泳界では決して若くありません。真剣にやればやるほど、若い頃との違いを突きつけられることになります。

そうしたなかでリオ五輪挑戦を決意することは、かなりの覚悟が必要でした。ですが、最終的には、ここであきらめる自分でありたくない、最後まで、泥臭くてもいいから挑戦する自分でありたい。そういう気持ちでリオ五輪への挑戦を決意しました。

そしてもちろん、やるからには何が何でも結果を出してやる、という覚悟もありました。

リオへの挑戦は苦しいものでしたが、それを通じて、多くの学びと、大きな喜びを味わうことができました。それをやり遂げた今、本当にあのとき挑戦を決意してよかったと心から思います。

この経験から学んだのは、あえて厳しい環境を選ぶ覚悟があれば、必ず成長というリターンがあるということです。

学び

あえて厳しい環境に身を置くことで、自らが鍛えられていく。

学びのスピードが勝負を決める

万人に等しく、時間とは有限なものです。アスリートであればピークの時期は決して長くはありません。いつか引退するときがやってきます。それはビジネスパーソンの皆さんでも同じことでしょう。

そのときがやってくるまでに、どれだけ成長できるか。どれだけ自分を高めて、最高のパフォーマンスを出すことができるか。私たちは常日頃そのことを考えます。

久世コーチと私は基本的に、自分たちの経験を通して学ぶことを重視してきました。速く泳げるようになるため、プラスになると思った練習法は、とにかくまず実際にやってみる。必要とあらば、海外のトップ選手から学ぶために、海外合宿にも何度も行きました。そして、そこから得たものを練習内容や考え方にフィードバックしていく。28年間、一貫してそのスタイルを貫いてきました。
しかし、何事も体当たりで試してみる手法は、それなりに時間がかかります。

たとえば、4度のオリンピックの中で、自分が最も高いレベルで仕上がっていたのはロンドン五輪でしたが、目標の金メダルには届かず、正直な胸の内を明かせば、「間に合わなかった」という思いがあります。

金メダルまで、その差0・25秒。

これは私の目標だった金メダル獲得まで成長のスピード、学びのスピードが0・25秒分、間に合わなかったということです。もしロンドン五輪決勝の日までに私があともう少し早く進化していれば、との思いは今でもあります。

学びのスピードを上げるためには、すべてを自分で実践して身につけるだけではなく、今、会うべき人に会い、行くべきところに行き、自分の課題や成長するためのノウハウを明確にしていくことが有効です。そうやって、実践することで得られるノウハウの一端を他者から学んでくることができれば、もっとも大事な時間の短縮につながり、自己成長のスピードを上げることにつながる可能性があります。

どうするのが正解だったのかは、誰にもわからないことです。しかし大切なのは、改善の余地を探し、検討する姿勢でしょう。

そのためには何事にも広い視野を持ち続け、ヒントを探す努力を怠らないことです。

学び

限られた時間の中で、学びのスピードを上げ、成長速度を高めることが重要。

ロンドンの“敗戦”とリオへの挑戦から学んだこと

松田丈志

本番経験を積み重ねる

ロンドン五輪、男子200メートルバタフライ決勝レースにおいて、私は銅メダルを獲得しています。しかし、金メダルとの差は、わずか0・25秒。まさにタッチの差で悲願の金メダルを逃した悔しさは、今でも忘れません。

世の中で散見される、結果を出す人間とそうでない人間の差はどこにあるのか？　これはすなわち、本番に強いか否かという問題と言いかえることができるでしょう。

最近ではそれを、「持ってる」と表現したりもするようですが、仮に努力の量と実力に差がないとするなら、ここはぜひとも、結果を出せる側の人間になるための秘訣を学んでおきたいものです。

そこで思い出されるのが、ある海外のコーチが口にしていた、次の言葉です。

「レースこそがトップ・オブ・トレーニングだ」

試合に出ること自体が、何よりの練習になるという意味です。なぜなら、本番でなければ得られないものがたくさんあるからです。

水泳でいえば、レースに出場することで、その時点での自分の実力や仕上がりが確認できます。逆にそれは、現時点で自分ができていないこと、他の選手より劣っているポイントを洗い出す、現状把握の過程でもあります。

自分の実力を、ありのままに知ることは大切なことです。仮に、目指すタイムよりはるかに劣る記録が出たとすれば、それが今の実力ということになります。自分のレベルを知らないまま本番に望んで大失敗するよりも、事前に現状を理解し、課題をもってトレーニングに励むほうが有意義でしょう。

これは世の中のあらゆる仕事に置き換えられる考え方であるはずです。

たとえば、会社で重要なプレゼンをすることになったとしましょう。プレゼン資料の出来栄えや語り口などは、場数を踏めば踏むほどブラッシュアップされるものです。その人が本番さながらの練習を一度も経験せずに当日に臨んだとすれば、成功の確率は極めて低いと言わざるをえないでしょう。

何事も、失敗を恐れずに繰り返しチャレンジし、修正を重ねていくことが重要です。失敗を避けて実践の機会から逃げ回っていては、自分の能力はいつまでも磨けないでしょう。

つい先日、それを実感させられる機会がありました。引退からほどなく、JADA（日本アンチ・ドーピング機構）のイベントでスピーチを依頼されたときのことです。

これまでも講演など人前で話す機会はそれなりにありましたが、今回は海外向けに、英語で話さなければならないのが大きなネックでした。

そこでスピーチの原稿を英語の先生に訳してもらい、私は本番まで毎日、スピーチの練習に取り組みました。

合宿や大会などで海外には何度も渡航しているものの、決して英語が得意なわけではなく、今さらどう頑張ったところで、完璧なスピーチなどできるわけがありません。そこで英語の先生に聞き役をお願いし、欠点を片っ端から挙げてもらい、それをひとつずつ潰していく努力を重ねました。

結果的に、抜群にいいスピーチができたわけではありませんでしたが、少なくともぶっつけ本番で挑むよりは、はるかに上出来だったと実感しています。

もちろん反省点はいくつもありますが、だからこそ、次また同様の機会があったとすれば、さらにレベルアップできるのは間違いないはずです。

把握した欠点を、いかに解消し、成長できるか。本番での強さとは、そうしたことを積み重ねた先に得られるものかもしれません。

学び

本番こそトップ・オブ・トレーニングである。

第六章
伸びるための知恵を絞り続ける

Yumiko Kuze
久世由美子

取り入れるべきものはどんどん取り入れる

客観的に見て、丈志がほかの同世代と比べて人一倍の頑張り屋であったことは間違いありません。そして何より、上を目指そうという強い競争心を備えていたことが、若くして彼の実力を引き上げたのでしょう。

とにかく強くなることに貪欲であった彼は、私が課すトレーニングをコツコツとこなすだけでなく、他の選手との情報交換から、新たなトレーニング法を取り入れることにも積極的でした。

大学、そして大学院でスポーツ科学を学んだ丈志が最先端の科学トレーニングにも強い関心を持つようになっていった一方、私はといえば、どちらかというとアナログ的なトレーニング理論の持ち主で、とにかく手を動かして選手の記録を採取し、自ら頭をひねってベストなメニューを考えていくタイプです。だから、ときにはトレーニング方法について、丈志と意見が食い違うこともありました。

ただし、科学的なトレーニングをむやみに拒否することはしません。これまで培ってきた理論を頑固に守りながらも、取り入れるべきものは取り入れるというスタンスでずっとやってきました。

科学に裏打ちされた、論理的なトレーニングを積むことは重要です。しかし、科学的な根拠があるからといって、何でも無条件に受け入れればいいというものではありません。ここで大切なのは、根底の方針をぶらすことなく、自分たちに合った情報を取捨選択することです。

指導者が違えば指導法も違うのが常で、その意味ではコーチの数だけ指導理論があり、それらの中には当然、私が知らない理論も少なからず存在しています。

そうした理論は、とりあえず受け入れてみるのが得策でしょう。なぜなら、自分の意見に他人の知見をプラスすれば、単純に自分の知識やノウハウは増えることになるからです。

貪欲に他人のノウハウを聞き、その中で肌に合うものを選んでどんどん吸収していけば、それだけ手持ちのカードは増えていきます。
これは指導者の立場にかぎらず、世の中のすべてのビジネスマンに当てはまることでしょう。他人の知見から積極的に学び、自分の引き出しを増やしていくことは、誰にとっても成長の糧となります。

教え

「聞く耳」を持てば、武器が増える。

伸びるための知恵を絞り続ける

久世由美子

「朝」を有効活用する

最近、「朝活」という言葉をよく耳にしますが、一日を有効に活用するために、朝の時間帯をどう使うかというのは大切なことです。

毎朝ギリギリまで眠り、目覚まし時計に叩き起こされ、慌ただしく支度をして家を飛び出すばかりでは、その日の活動に対する準備をすることができません。一日を無駄なく、そして効率的に使うために、朝の過ごし方を再考する必要があるでしょう。

私が日課としていたのは、前日に組み立てた練習メニューを、朝になってから見直すことでした。

練習メニューを週単位、月単位であらかじめ構成するコーチも少なくありませんが、私は松田丈志のコーチであり、一日単位で毎日細かく微調整を繰り返すやり方を主としていました。

その日の練習ぶりから、コンディションや記録を見返し、晩のうちに翌日のメニューを作成。そして、一夜明けて頭がリセットされた状態で、もう一度それを見直すのです。すると、前日には気づかなかった発見もあり、さらに内容をブラッシュアップできるのです。

私はメニューを考える際、選手をなるべく飽きさせないため、変化と刺激に富んだ構成を重視しています。そこには日々のコンディションや目的を踏まえた〝ストーリー〟があり、頭をひねる余地は尽きません。雑念が少なく、集中力が高まる朝は、そうした思考にうってつけの時間でした。

私がこうして朝型の生活を送るようになったのは、もともとは子育てがきっかけでした。子どもたちを保育園に送り出すために夜明け前に起きて行動を開始するうちに、朝を有効に使うと一日を有意義に過ごせることに、自然と気づかされたのです。

ギリギリの行動は、気持ちを圧迫し、競技をするにも仕事をするにも、あまりプラ

伸びるための知恵を絞り続ける
久世由美子

スはありません。

私たちは毎日の練習の際、スタート時刻からウォーミングアップのタイミングを割り出し、少なくとも入水の一時間前にはプールに到着するように心掛けていました。

もし皆さんが会社員でしたら、いつもより10分早く出勤すれば、その10分で一日の行動スケジュールを検討するなど、準備にあてることができるでしょう。たとえ予期せぬトラブルが発生した場合でも、対応する時間を確保できます。

時間の備えは心の備え。知恵を絞るためには、時間と心に十分なゆとりを持っておかなければなりません。

教え

前夜作成したメニューを翌朝に見直してみる。

弱点を認め、それを解消する手を考える

世の中に完璧な人間など存在しません。人は誰しも多くの弱点を持っています。問題は、その弱点から目をそらすことなく、真摯に向き合って成長の要素に変えられるかどうかです。

弱点とはすなわち、成長するための余白です。弱点を認め、それを解消する。人の成長とは、それを繰り返した先にあるものなのかもしれません。

試しに、今の自分に社会人として欠けているものは何か、思い浮かべてみてください。自ずとその解決策にも思い至るのではないでしょうか。

たとえば、知識が足りていないなら、さらに勉強の時間を確保する努力をする。

対人関係が苦手であるなら、コミュニケーションスキルを上げる方法を模索する。

伸びるための知恵を絞り続ける

久世由美子

体の弱さを痛感しているなら、週末などを使って体力の向上に努める。

ここで、自分はなんと弱点ばかりの人間なのかと、嘆く必要はありません。弱点を自覚できることは、ひとつの強み。大切なのは嘆くことではなく、弱点を解消するために何をすべきか、ひたすら知恵を絞り続けることでしょう。

私たちは2004年のアテネで、初めて悲願のオリンピック出場を果たしました。ところがこの大会では、周囲の期待に反して、メダルをひとつも獲ることなく大会を終えています。

この結果には大いに落胆させられたものですが、再起にあたってまず取り組んだのは、なぜメダルに手が届かなかったのか、敗因と向き合う作業でした。

もちろん、単純に周囲のレベルの高さにも理由があったでしょう。ただでさえ、日本人は体格的に不利な人種です。身長184センチの丈志は、日本人としては大柄であっても、外国選手の中に混じると、むしろ小さな部類です。

とりわけ自由形、バタフライを泳ぐ世界のトップスイマーには、190センチを超えるような大型選手がごろごろ存在しています。足のサイズひとつを取っても、丈志の28・5センチに対して（これも日本人としてはまあまあ大きいのですが）、海外では34センチ、35センチが当たり前。30センチを超える足というのは、水泳においては大きなヒレを装着している状態に等しく、水を蹴る際にも、力を使う効率が変わってきます。

しかし、今から身長や足のサイズを伸ばすことなど、まず不可能。そのため、体格面でのハンデと向き合いながら、第一線で勝っていく方法を考えなければなりませんでした。

二人で知恵を出し合い、さまざまな練習法を試しながら、最終的にキャリアを通して4つのメダルを獲得するまでに至ったのは、豊富な練習量に裏打ちされた、身体機能のなせるわざでした。

松田丈志の武器のひとつは、強いメンタルです。そして、それを活かせば、他のどの選手にも負けない練習量をこなすことができます。実際、「松田丈志の練習はすごい」と評判を聞きつけ、合同練習を希望する日本選手は少なくありませんでした。そして総じて、丈志の練習量に驚いて帰るのです。

伸びるための知恵を絞り続ける

久世由美子

これこそが、勝つために知恵を絞り続けて得た、ひとつの答えでした。全盛時には、後半の伸びで抜群の勝負強さを発揮した丈志の泳ぎ。これは体格面のハンデを弱点として受け入れ、補うために努力をしたことで得た武器だったのです。

教え

弱点を認めることは、成長のヒントを得ることと同じ。

強みを理解し、それを最大限に活かす

弱点を認めてカバーすることと同じくらい、自分の強みを理解し、どうすればそれを最大限に活かせるか考えるのも重要なことです。

社会人でも、たとえば語学は苦手だけど計算は得意だとか、口下手だけれど人の心を動かす文章を書かせたら右に出る者はいないなど、明確な長所を何かひとつでも持っている人材には、ちゃんと活躍の場が与えられるものです。

丈志の場合は、海外選手にサイズで劣るぶん、水をかくパワーやスタミナなど、他の要因で勝負することを第一に考えました。

彼が持つパワーを効果的に活かすためには、やはりフォームが重要。それは丈志も重々承知していたようで、練習中に「今の泳ぎ、どうですか?」と、食いつくように

聞いてくることがしばしばありました。

そこで、たとえば「今のはダメだね。あんたの調子のいいときは、体が水際からもっと上がっているよ」とか、「水をつかめていない。前はもっと水をかけていたよ」などと、良いときも悪いときもずっと傍らで見てきた知見を生かして、指導にあたるのが私の役目でした。日頃から自分の目で選手を見続けているからこそ気がつくことのできるポイントが、山ほどあるのです。

ところが、最後のリオ五輪に向けたトレーニングにおいては、〝手持ちの武器〟をそれまでと違った意味で検討しなければなりませんでした。というのも、年齢の影響から、それまでと同じ戦い方では勝てなくなりつつあったためです。受け入れたくない現実ではありましたが、具体的には、スタミナ面の衰えはやはり顕著でした。

それは練習中の心拍数を測っていると明らかで、以前の丈志であれば、ハードに泳いだ後、心拍数を3回とります。その3回目の心拍数が、泳いだ直後でもすぐに平常の数値を取り戻せるのが強みでした。ところが、それがなかなか回復しなくなっていることを数値で確認し、どうにかその弱点をカバーできないか、頭を悩ませることになります。
実際に数値を本人にも見せながら、「ここを取り戻せたら、今の技術とパワーで十分に金メダルを狙えるよ」と話し合いました。しかし、どのようなトレーニングを試してみても、スタミナを取り戻すことはできず、丈志は結局、専門としていた200メートル・バタフライでの代表権を逃してしまいます。

でもこれは、自由形で800メートル・フリーリレーという、自分を活かす新たなステージに専念するきっかけになりました。もし200メートル・バタフライでオリンピック出場を決めていたら、リレーに気持ちを注ぐことは難しかったでしょう。そうなると、52年ぶりの銅メダルという快挙も実現していなかったかもしれません。

教え

手持ちの武器の活かし方を考える。

飽きないための工夫をする

せっかく成長のための優れた方法論を見つけることができても、それを実行し続けられなければ意味がありません。

たとえば、私がどれだけ効果的なトレーニングメニューを考案したとしても、丈志にとってそれがつまらないものであれば、意欲をもって続けることは難しいでしょう。

本当のことを言えば、真に身になる練習とは、地道でつまらないものかもしれません。しかし、だからこそ少しでも刺激をもって取り組めるよう、工夫してやるのもコーチの務め。それに、ネガティブな気持ちで消化するよりも、意欲的に消化したメニューのほうが、長く続けやすく効果も得やすいのではないでしょうか。

そこでたとえば、一つひとつのメニューを、短時間で終わった気分になれるように工夫する。そのようなメニューのバリエーションを増やすように工夫する。あるいは、負荷が高くて厳しいメニューは、順番を工夫することでメリハリをつけたりする。

ところが海外のトップ選手のトレーニングに合流した際には、彼らが一様に、キツくて長いメニューを延々と消化していることに、ちょっとしたカルチャーショックを受けたものです。それが強さの源ともいえるでしょうが、意欲的に取り組むための工夫が足りていないように感じたのも事実です。

実際、現地の選手たちに私がいつも丈志に課しているメニューを披露し、実践してもらったところ、皆、口々に「このメニュー、楽しくていいね」と言ってくれたものです。

どちらが正解というよりも、結局は本番での結果がすべての世界ですが、努力することに飽きなければ、求める結果に近づけるはず。私は根性論者ではありますが、スポーツでも仕事でも、何事も楽しく取り組めるに越したことはありません。

目先のちょっとした工夫によって、それまで面倒事にしか思えなかった作業が、見違えるように前向きにこなせるようなこともあるかもしれません。そんなところに知恵を絞ってみるのも、成功に近づく第一歩といえるでしょう。

教え

面倒な作業も、工夫次第で前向きにこなせるようになる。

第七章

競泳日本代表に見る、本当のチームワークとは

Takeshi Matsuda

松田丈志

選手村のホワイトボードが教えてくれたこと

チームワークという言葉に、どこか青臭い響きを感じる方もおられるかもしれません。しかし、何事も自分ひとりで取り組むより、できるだけ多くの知恵や経験を集めたほうが有利であることは間違いありません。

チームメイトの声援や絆が精神面で大きなパワーを与えてくれることについて、北島康介さんが自身初の金メダル（アテネ・100メートル平泳ぎ）を獲得したときのエピソードをご紹介します。

このとき選手村では、水泳日本代表チームの部屋の一角にホワイトボードが設置されていました。これは当時の上野広治監督が置いたものでした。

水泳は各種目がおよそ一週間にわたって行なわれるため、大会が始まってからは、メンバー全員が一堂に会する機会はほとんどありません。そこで、このホワイトボードを伝言板代わりにして、レースに臨む選手に対するエールなど、各自が自由にメッセージを書き込もうというわけです。

しかし当時はまだ一匹狼気質であった私は、「ホワイトボードにメッセージを書いたくらいでメダルが獲れたら苦労はないよ」と、どこか醒めた気持ちでそれを見ていました。

誰かが本番に臨む前に応援メッセージを書き込んではみたものの、正直なところ、それがあまり意味のあることには感じられなかったのです。

ところが、100メートル平泳ぎで、不利という事前の予想を覆して北島さんが金メダルを獲得すると、ホワイトボードに祝福と称賛のメッセージが咲き乱れました。皆、チームメイトの偉業に大いに感動し、端々から祝福の気持ちが伝わる言葉ばかり。

そしてその夜、インタビューを終えて夜遅くに選手村へ戻ってきた北島さんが真っ先にやったことは、そのメッセージに対して、お礼のコメントをホワイトボードに丁寧に書き込むことだったのです。

「応援が力になりました」

「みんなのおかげで勝つことができました」

など、仲間の声援に心底感謝している様子がうかがえるコメントばかりでした。

北島さんほどの選手にとっても、仲間の応援が重要な後押しになるということがよく伝わってきて、ホワイトボードを冷ややかに見ていた自分が恥ずかしくなる思いがしました。

北島さんは代表チームの中で、応援を力に替えられるだけの人間関係を、しっかり構築してきたわけです。そして一方、自分は、それだけの絆を育む努力をしてきたのだろうか、と。

この最初の金メダル獲得の翌朝には、早くからプールサイドに陣取り、他の選手に

声援を送る北島さんの姿がありました。前日の疲労も残っているでしょうし、何より
この後にまだ200メートルの決勝を控えている身でありながら、こうしたスタンス
を守り抜く北島さんの存在は、私にとって大きな意識改革のきっかけとなりました。

学び

応援できる人は、応援される。

チームの絆がもたらすメリット

仲間を受け入れ、その場を楽しむスタンスを持つことは、自身のパフォーマンスを最大限に発揮するために大切なことです。それは、たとえ個人の技量を競うアスリートであっても、です。

2004年のアテネ五輪で、チームワークの大切さを痛切に感じた私は、どこか気持ちがほぐれたところもあり、以降は仲間たちと一緒にリラックスする時間を多く持つようになりました。単純にいえば、チームメイトたちとのコミュニケーションの量が、意識せずとも明らかに増えたのです。

果たして、そうした意識改革の効果は少なくありませんでした。

翌2005年に行なわれた、モントリオールでの世界選手権に向けた代表合宿でのことです。それ以前の私であれば、わざわざ集まって練習するよりも、個人の強化に努めるほうが有意義だと考え、内心で「早く終わってほしい」と思うばかりでした。

しかし、このときの合宿では、その場を楽しみ、いいチームづくりをしたいという考えが自分の中に生まれていたのです。

もちろん、それも自分自身がパフォーマンスを発揮して勝負に勝つためですが、私にとっては大きな変化であり、成長でした。この合宿で、私を高校時代から取材してくれている松岡修造さんから、「こんなに楽しそうにしている松田君は初めてだね」と声をかけられたことを思い出します。

合宿の後、私はモントリオール世界選手権で、晴れて銀メダルを獲得しています。世界大会での私自身初めてのメダルでした。これは、チームとして戦うことの意義を学んだからこそ得られた成果だと思っています。

では、なぜチームと融和すると記録が伸びるのでしょうか。

ひとつには単純に、練習が楽しくなり、厳しいメニューに対しても前向きに取り組めるようになることが挙げられます。前向きに立ち向かっているときというのは、人の心は折れづらくなり、結果的にトレーニングの質が上がります。それによって、メンタル面の〝摩耗〟が避けられるという点も見逃せないでしょう。

いま振り返ってみても、アテネ五輪のときの私は、「結果を出したい」と強く思いつめるあまり、メンタル面で少なからず疲弊していました。心の疲れは体にも表れますから、これはレースに臨むうえで、大きなマイナスです。

ベストのタイムが出せないのは、何らかのマイナス要因があるからです。実際、アテネ五輪では、記録の面でも自己ベストを更新できませんでしたが、その後の北京、ロンドンでは、いずれも私は自己ベストをマークすることができました。

こうした結果は、チームワークを大切にするようになり、メンタル面の疲弊が改善されたことで得られたものと考えています。

学び

その場を楽しむことができれば、心の〝摩耗〟は防げる。

仲間の目を通して成長のヒントを学ぶ

チームワーク、あるいは周囲との協調が〝個〟にもたらす恩恵は、それだけではありません。たとえば、チームメイトの目が、自分ではなかなか気づくことのできない欠点を知るためのアンテナの役目を果たすこともあります。

2010年に参加したアジア大会の合宿では、すべての選手の泳ぎを映像に収め、後に全員でその映像をチェックした後、それぞれのフォームの良い点、悪い点をグループ単位でディスカッションし、その結果を発表するというプログラムがありました。性別も種目もキャリアもばらばらの5～6人でグループをつくり、映像から気づいたことを何でも言い合うのです。

誰しも自分自身のことというのは、わかっているようで理解していないものです。

実際に私も、フォームに関しては今さら改善の余地などそうはないだろうと思っていました。ところが、いざ自分の番がやってくると、「頭の動きが大きい」とか、「水のかき方に違和感がある」などと、思いもよらない指摘が多数飛び交うことに驚かされました。

そうした自分の泳法の欠点に自力で気がつくには、もっと長い時間が必要だったはずです。その意味で、このプログラムは非常に有意義なものでした。

また、自覚していない欠点を知るだけでなく、「他の選手はそんなところを見ているのか」という気づきもありました。同じ種目を泳ぐ選手であっても、日頃気をつけているポイントはさまざまで、自分にはない着眼点を知ったことは、その後の競技生活に大いに生かされています。

とりわけこの日以降、普段の練習中でもフォームに対する気の配り方が変わり、いっそう充実したトレーニングを行なうことができるようになりました。

つまりは周囲からの客観的な視点を受け、他人から意見をもらえる環境というのは、学びの宝庫なのです。日頃から仲間と親密にコミュニケーションをとっている人は、日常的にそうした学びがあることになり、これはアスリートならずとも、成長を求めるうえで強力な武器となるでしょう。

逆に、周囲との交流を一切持たず、意見に耳を傾ける機会をシャットアウトしてしまうということは、そうした発見を得るチャンスを失していることに等しいわけです。

仲間の調子や泳ぎを気にかけることの重要さを、私はこうして学ぶことができました。

学び

チームメイトの視点は学びの宝庫である。

立場が人をつくる
――主将を務めたことで得た気づきと成長

社会に出て経験を積むと、本人が望まずとも後輩ができ、人によっては管理職のポジションにつき、部下を持ったりすることになります。

そうなると、今までのように自分自身の成功や成長だけを考えているわけにもいかず、仲間がいかに動きやすく、いかに伸びやすい環境を整えてやれるか、目を配らなければなりません。

そうした役割を重荷に感じる人もいるでしょうが、人の上に立ち、人をまとめる立場になることにも、やはり多くの学びのチャンスがあります。

私の場合は、日本代表チームのキャプテンに任命されたときが、これに相当する体験となりました。

競泳日本代表に見る、本当のチームワークとは

松田文志

私がキャプテンを拝命したのは、ロンドン五輪の前年のこと。それまでは、あくまで自分が結果を出すことにばかり集中していました。しかし、気がつけば後輩と呼ぶべき選手が増え、さらにキャプテンの立場を与えられたことで、自ずと「仲間のため、後輩のため、そしてチームのために何ができるか」を考えるようになりました。

具体的には、伸び悩んでいる選手がいれば相談に乗り、環境や人間関係に不満を持つ選手がいれば、話を聞いて上に掛け合う、といったことです。

そうした任務を、自分のトレーニングと両立させることは大変なことでしたが、それと引き換えに得たものも多々ありました。

たとえば、人は自分だけが苦しい思いをしているものと、つい誤解しがちなものですが、他人の悩みを聞いているうちに、「辛いのは自分だけじゃない」と実感できたり、あるいはむしろ「自分の悩みなんて小さなものだ」と気づかされたりしました。前を向く材料が得られたのもそのひとつでしょう。

一人の社会人として生きていくことは、さまざまな責任や重圧、ときにはトラブル

と直面しながら進んでいくことにほかなりません。そうしたなかで、一段上の視点から周囲の仲間を見渡すことで、あらためて自分の状況を客観視してみるのも大切なことです。

初めは、私にできるかなと思った代表チームのキャプテンという役割でしたが、やってみたことで、学んだことや感じたことがたくさんありました。大変なこともありましたが、今は本当にやってよかったなと思っています。

学び

人をまとめる立場に立つことにも、多くの学びのチャンスがある。

競泳日本代表に見る、本当のチームワークとは

松田丈志

日本水泳界が行なった「改革」に学ぶ①

「ワンチーム」になる

話はさかのぼりますが、1996年のアトランタ五輪において、水泳の日本代表チームは惨敗を喫しています。

この大会では、有望選手を多数揃えていたはずの日本代表チームでしたが、本番になると軒並み、本来の力を発揮することができず、まさかのメダルなしという結果に終わっています。

この結果を問題視した日本水泳連盟（以下、水連）が、次のシドニー五輪へ向けて行なった取り組みをここでご紹介します。「20年前のことか」と思われるかもしれませんが、そこには、21世紀を生きる私たちにとって大いに役に立つ考え方が含まれていると考えるからです。

アトランタ五輪の後、ヘッドコーチに就任した上野広治先生が考える日本の〝敗因〟は明快でした。各選手がチームではなく個人で戦っていたから、というのが敗因だというのです。その当時は、すべての選手が、自身が所属する大学やスイミングクラブにこだわっていましたが、そうではなく、全員が等しく「チームジャパン」として戦うべきというのです。

選手を所属単位の概念で考えると、どうしても垣根が生まれます。しかし、日本が一丸となって世界と戦うためには、その垣根を越えてサポートし合い、情報交換を行ない、切磋琢磨する必要があります。効果的なトレーニング理論があるなら、それを隠さず積極的に共有すべきですし、異なる所属の選手やコーチが合宿で寝食を共にすることで絆が深まれば、戦うモチベーションにも繋がるでしょう。

そこで水連では、悪しき垣根を取り払うためのさまざまな施策を講じます。

たとえば合宿を行なう際には、アイスブレイクの手段のひとつとして、ちょっとしたゲームを取り入れたことがありました。実際に私が体験したのは、ランダムに分けられた各チームに、10枚のコピー用紙を配布し、「接着剤などの道具を一切使わず、できるだけ高いタワーを組み上げなさい」というもの。
一番高く用紙を積み上げられたチームの勝ち、というわけです。水泳とはまったく関係ないゲームでしたが、チームで一緒に取り組むことで、所属の異なる初対面同士でも、実にスムーズに打ち解けることができました。これはコミュニケーションを増やすきっかけになります。

この考え方が役立つのは、スポーツに限ったことではありません。会社の部署や学校のクラス、クラブやサークル活動などでも、私たちは自分の所属するグループや仲間の論理で動く傾向があります。そうした壁を越えて、さまざまな立場の人や組織と絆をつくることで、「ワンチーム」としてのまとまりと強さが生まれてくるのです。

つい最近行なわれた代表合宿でも、同じ種目のライバルであるはずの萩野公介と瀬戸大也が、一緒に泳ぐ姿が見られました。トップ選手同士が練習を共にすれば、本番さながらの緊張感を模擬体験できるなど、きっと有意義な相乗効果が生まれるでしょう。それは日本の総力アップにも通じるものです。

もちろん、もともと別の道を歩んできた競技者同士ですから、従来のマインドをリセットすることは、そう簡単ではなかったでしょう。それでも結果として、競泳日本代表チームは、次のシドニー五輪では銀メダル２つ、銅メダル２つと、狙いどおりの大躍進を遂げることができました。

学び

所属を越えてサポートし合い、切磋琢磨し合うチームをつくる。

日本水泳界が行なった「改革」に学ぶ②

世界一厳しい選考基準

日本水泳界が「ワンチーム」になり躍進した背景には、他にも2つの要因があったと私は考えています。

ひとつは、目標設定の妙です。それは、チームジャパンとして「メダルをいくつ」というだけではなく、「全体で入賞数がいくつ」「自己ベスト更新率」という目標の立て方をしたことです。

もし、私たちに与えられた目標がたとえば「金メダル3つ」だったら、最初から金メダルを目指して頑張っている選手はともかく、そもそも実力的にトップを視野に入れていない選手には、その目標は他人事に映ってしまうでしょう。

しかし、「入賞数がいくつ」「自己ベスト更新率」という目標であれば、すべての代表選手に各々の〝貢献の仕方〟があり、誰もが自分なりの役割を自覚できます。その結果、誰にとっても目標が他人事ではない、一枚岩のチームが出来上がるわけです。


もうひとつは、世界一厳しい選考基準です。

アテネ五輪以降、日本の競泳でオリンピック代表に選ばれるためには、オリンピック代表選考会を兼ねて行なわれる、4年に一度の日本選手権で上位2位以内に入り、それに加えて水連が定めた「派遣標準記録」を突破することが要件となりました。

つまり、本番一発勝負で、順位とタイムともに基準をクリアしなければ、オリンピック代表にはなれないのです。

この厳格な選考基準を通じて、水連が私たち選手に発しているメッセージは明確でシンプルです。それは、

「オリンピックには、一発勝負で結果を出せる、本番に強い者しか連れていかない」

ということです。

そのメッセージが明確な以上、私たち選手はそこを目指すしかありません。

それを乗り越えた者だけが競泳日本代表として、オリンピック代表チームの一員と

なれるのです。速いだけではだめなのです。強くなければオリンピックではたたかえないのです。

こうしてアテネ五輪以降、日本代表の成績は右肩上がりとなっています。個人的には、次の東京五輪では、ホームの利も手伝って、いっそうの活躍が見込めるのではないかと期待しています。

学び

チームの誰もが貢献できる目標設定と、トップからの明確なメッセージが、チームを強くしていく。

第八章
「行動」するチカラ

Yumiko Kuze

久世由美子

四の五の言わずに、まず動く

「行動する」ということは、簡単なようでいて、意外と簡単ではありません。

人は、目的に向けていま何をすべきかを頭では理解していながらも、「タイミングが悪い」「もう少し様子を見よう」などと、それを先延ばしにする理由を先に考えてしまいがちだからです。

しかし、だからこそ、四の五の言わずにまず動くことができる人間は、それだけで得をします。私自身、これまでの競技生活の中で、とにかく行動を優先することで局面を打開した経験が幾度となくありました。

たとえば、丈志にとって宿命のライバルと言うべき存在に、アメリカのマイケル・フェルプスがいます。生涯23個の金メダルを獲得し、オリンピックメダル獲得数史上

1位の記録を打ち立てた、「水の怪物」と呼ばれた名選手です。

ロンドン五輪では、今度こそフェルプス選手に勝ちたいと闘志を燃やしていた私たち。そのためにはどのようなトレーニングを積むべきなのか、さまざまな可能性を模索していました。

そんななか、ロンドン五輪前年に行なわれた世界選手権の会場で、ピンときたのです。それは同じ出場者に、やはりアメリカのライアン・ロクテという選手の姿を見つけたときのことでした。

このロクテ選手は、過去にフェルプス選手に勝利したこともあるトップアスリートです。普段どのような練習をしているのか、興味は尽きません。もし、その練習に参加させてもらうことができれば、丈志にとって多くの学びが得られるでしょう。

これはチャンスと感じた私は、日本代表チームの通訳スタッフにその場で声をかけ、手帳を片手にロクテ選手のコーチのもとへと向かいました。

そして、自分が松田丈志のコーチであることを伝え、選手たちが泳ぐプールサイドで手帳を広げながら、「一緒に練習させてほしい、いつだったら都合がいいか？」と直談判したのです。

なにしろ大会の最中のことですから、私のこの行動に、丈志や他のスタッフは目を白黒させていました。それも当然でしょう。合同練習を申し込むにしても、大会本番中ではなく、終わった後に然るべきルートを通じて打診すべきだという周囲の言葉は、実にごもっともです。

しかし、いま目の前に相手がいるのに、わざわざ時間と距離を空けて交渉する意味がどれだけあるのでしょうか。むしろ、断られるなら早いほうがいい。こういうタイミングを逃さないために、私は必ずカレンダー付きの手帳を携帯しています。

そして手帳の日付を指差しながら、「トレーニング、ＯＫ？」と片言の英語で思いを伝える。聞くだけならタダなのですから、聞いてみなければ損だというのが、私の考えでした。

果たして、ロクテ選手のコーチは、最初こそ少し驚いた顔をしていたものの、私が日本のタケシ・マツダのコーチだと知ると、途端に歓迎ムードになり、トレーニングへの参加についても快く許可してくれました。

後に判明したことですが、このコーチはこういった合同トレーニングに積極的な指導者で、自分たちのチームにも刺激がもらえるということで、喜んで受け入れてもらえたのです。さらには、自分も他の国のことを知りたいという理由で、日本語のできる通訳の方まで用意して待ってくれていました。

結果として、アメリカの一流選手のトレーニングを体験したことは、私たちにとって次のオリンピックに向けた大きな糧となったのです。これもその場で行動を起こさなければ、得られなかったものでしょう。

教え

チャンスをつかむタイミングは、絶対に逃さない。

行動原理はシンプルでいい

行動できない人は、動くより先に行動しない理屈をあれこれ考えてしまい、自らに枷をかけてしまう傾向があります。しかし、人が行動する原理というのは、実際はいつでもシンプルなものです。

私たちの場合は、松田丈志という選手を強くして、オリンピックで金メダルを獲ることが唯一無二の目的。そのための方法、あるいはヒントを常に探し続けているわけで、それを持っている人が目の前に現れたなら、考えるまでもなく飛びつくべきでしょう。

そこで下手に、「突然話しかけたら迷惑かもしれない」「言葉が通じないから、通訳スタッフがいるときにしよう」などと理屈を持ち込むと、突破できるものもできなくなってしまいます。
それを体感させられる経験が、やはりロンドン五輪を控えたある日、メキシコで実施した高地トレーニング中にありました。

メキシコでは水中トレーニングのほか、綱引き用の太いロープを使った陸上トレーニングも予定しており、私たちは事前に日本からロープを輸送していました。ところが、このロープが税関で引っかかってしまったらしく、現地に届かないというトラブルが発生しました。

せっかく来たからには、予定していたメニューをすべて消化しておきたい。しかし、その道具が手元にない。一体どうしたものかと思案していると、同じ施設の中で他のチームがロープを使っているのが目に入りました。

そこで、英語が話せる丈志に、「あのロープ、使えそうじゃない？　あんた、ちょっと見せてもらえないか聞いてみてよ」と、交渉に向かわせました。

ところが数分後、「ダメです、断られました」と戻ってきます。

しかし、ロープを見るだけのことが、なぜダメなのか。いまひとつ釈然としなかった私は、今度は自分からそのチームに歩みより、ロープを指差しながら、「ルック、ＯＫ？」とにこやかに伝えてみました。

すると、彼らも笑顔で「ＯＫ」と快諾してくれるではありませんか。

この顚末に、丈志は「あれ、おかしいな」と頭をひねるばかりでしたが、結局のところ、思いを伝えるために難しい理屈は不要だということなのです。

この局面でも、実質的には「ルック、ＯＫ？」とたった2つの単語で、こちらの意図は通じています。この後、彼らはそのロープを快く貸してくれて、私たちは予定通りの陸上トレーニングを消化することができたのでした。

情報社会のこの時代、強くなるためにはロジックも大切ですが、人が動く際には過剰な理屈は不要。人の行動原理は、いつだってシンプルなものなのです。

教え **行動しない百の理由より、一つの行動。**

突破力の裏に「準備」あり

シンプルな行動原理は、突破力を生む。しかしだからといって、社会人として動いている以上、それが無計画で無鉄砲なものであってはいけません。

社会人であれば、会社や取引先などが関わってきますから、無計画な行動で損害を発生させるわけにはいかないでしょう。アスリートも同じです。スポンサーの支援あってこそ、日々の練習や海外遠征などが成り立っているからです。

私の行動は、時に考えなく突き進んでいるように思われがちですが、実際は必ずしもそうではありません。自分なりに計算と計画があるからこそ、思い切った行動をとっている、というのが正確でしょう。

たとえば、私たちは現役時代に何度もオーストラリア遠征に出かけています。当時、オーストラリアには長距離のカリスマ、グラント・ハケット選手がいたからです。

中学時代に早くも全国制覇を果たしていた丈志ですが、高校進学後は伸び悩み、なかなか記録を伸ばせずにいました。そこで三年生に上がった頃、「トップ選手の練習を参考にしよう」と、ハケット選手のトレーニングに合流したのが、最初のオーストラリア遠征でした。

果たして、ハケット選手が取り組んでいたトレーニングは、私たちのそれとはまた質の異なる内容で、大きなヒントとアイデアを得ることができました。

その成果に気を良くした私たちは、大学一年生のときに、再びハケット選手に遠征を打診することにしました。ところが、このときは翌年にオリンピックを控えていたこともあり、「自分の練習に専念したい」と断られてしまいました。

しかし、丈志の力をさらに伸ばすためには、どうしてももう一度、ハケット選手とのトレーニングを経験させたい。何より、すでに遠征費用も確保し、4週間のスケジュールも押さえてあります。これであきらめる手はありません。

そこで、現地でトレーニングできる施設を別に押さえたうえで、ハケット選手のもとへ飛んでしまおうと、私は考えました。そして現地で直談判して、土下座でも何でもして懇願した結果、それでもダメなら仕方がない、と。

自前で練習場所さえ用意できていれば、ハケット選手と一緒に練習することはできなくても、4週間が無駄になることはありませんから、思い切って行動することができます。そんな、いわゆる〝ダメ元〟の精神で、私たち二人はオーストラリアへ向かったのでした。

ハケット選手のコーチは、突然現れた私たちを見てびっくりしていましたが、結局「しょうがない。じゃあ一緒にやろうか」と、合流を受け入れてくれました。これも行動力、突破力がもたらした勝利でしょう。

ただし、こうした行動を、一か八かの〝賭け〟にしてはいけません。最低でも海外合宿ができる準備を整えておいたことが重要です。

備えの量は、行動を後押ししてくれる。これは間違いないでしょう。実際、土下座する覚悟で現地へ飛んだ私としては、すんなり受け入れてもらえたことで、土下座の分だけむしろ得をした気分になったものです。

その後は、オーストラリアのコーチからいつでも練習に来いよと言ってくれるようになり、これも心を伝え一生懸命行動する力が実を結んだものと思います。ちなみにオーストラリア合宿は、丈志が引退するまで続きました。

教え

思い切った行動は、計算と計画、準備あってこそ。

タイムリミットを意識する

こうした私の行動は、生まれ持った性格によるところが大きいのも事実です。しかし、だからといって、自分に行動力が伴わないことを、生まれつきだからと諦めてしまうようでは、それ以上の成長は望めません。

行動力に欠けている自覚があるのであれば、自らの行動力を焚きつける工夫をするべき。その一例としてお勧めしたいのが、時間的な〝リミット〟を意識することです。

すなわち、

「いつまでに、どのくらいの成果を挙げなければいけないか」

「いつまでに何を修得しなければいけないか」

言い換えれば、目標から残り時間を逆算して計画を立てることでもあります。

私たちのケースでいえば、4年間という次のオリンピックまでのスパンに背中を押された面もありました。

次のオリンピックまでに、金メダルを獲れるレベルまで実力を伸ばさなければいけない。そんなタイムリミットを意識していたから、私たちはいつでも貪欲に行動することができました。

時に、水泳以外の競技からもヒントを得ようと動きまわったのも、そうした意識によるものでしょう。

たとえば、相撲部屋で横綱の稽古を見学したときには、その獣のようなしなやかな動きが、いかにして育まれるものなのか、水泳に活かせる部分を研究しました。

また、ボクシング日本代表のトレーニングからは、効率よく四肢をほぐすストレッチ法を学び、すぐに東海スイミングクラブの準備体操に組み入れました。

ジャンルが違うからと最初からシャットアウトしてしまっては、そこから学びを得る可能性はゼロになってしまいます。しかし、タイムリミットの設定は、人を貪欲にさせる効果があるでしょう。

何らかの壁に行き当たった場合は、あらためて目的までの時間や距離を考えてみてください。それが思い切った行動を呼び込み、道が開けることもあるかもしれません。

教え

目標から残り時間を逆算して計画を立てる。

早く決断すれば、準備期間が増える

人はどうしても、ネガティブなことは見て見ぬふりをし、面倒事を先延ばしにしたがるものです。

しかし、どうせやらなければいけないのであれば、先に済ませたほうが得策でしょうし、やると決めたなら、それに費やす時間は多いに越したことはありません。つまり、たいていのことは早めに決断し、早めに動き始めたほうが、準備期間が増える分だけ得をするのです。

私たちのケースでいえば、ロンドン五輪を終えた後、現役を続けるか否かで悩んだ時期が、それに相当するでしょう。

ロンドンは丈志にとって三度目のオリンピックであり、その時点で28歳になっていました。これは第一線を行く水泳選手としては、すでに年長の部類です。

しかし、究極の目標である金メダルに手が届かなかったこと、選手としてピークに差しかかっており、まだまだ記録が伸ばせるだろうという実感から、丈志は引退を決意できずにいるようでした。

周囲からしても、十分な実績を残している松田丈志は、ここで現役を退くだろうと見ており、私はいったん丈志のそばを離れ、日本ナショナルのコーチに就任しました。

その間、丈志は東京の国立スポーツ科学センターで、日本代表のヘッドコーチである平井伯昌先生に師事していた時期もありますが、本当にリオ五輪まで競技を続けるのかどうかは、決めきれずにいました。

なにしろリオ五輪の時点では32歳になります。下手をすると、メダルどころか日本代表にすら入れないかもしれません。そうなると、向こう数年の努力が無意味なものになってしまいますから、悶々と悩むのも当然でしょう。

しかし、彼の様子や態度から、私は「丈志は本当は、4度目のオリンピックを目指したいのだな」という気持ちを嗅ぎとっていました。再起を宣言するのは時間の問題でしょう。そうであれば、残された時間は本当にあとわずか。早く動き出すに越したことはありません。

そこで私は本人が決断をすれば、いつでもナショナルコーチを辞任して、丈志の専属に戻ることができるよう、準備を整えることにしました。つまり、その覚悟だけは先に固めておこうと考えていたのです。

地位も名誉もあるナショナルコーチの座を捨てて、四度目のオリンピックを目指す。きっと、この行動が丈志の腹をくくらせる契機にもなったのでしょう。私たちは再びオリンピックに向けて邁進し、その結果として、リオでの52年ぶりの銅メダル獲得を成し遂げます。

本人の決断を待って、さらに時間を浪費していたら、メダルには届かなかったかもしれません。

結局のところ選択肢は、「やる」か「やらない」かの二択のみ。だったら、さっさと決断すれば、それだけオリンピックに向けた準備期間を長くとることができるのです。

やってみて、それでも結果がついてこなかったとしても、やらずに悶々とした思いを抱えたまま生きていくより、はるかにマシでしょう。
迷ったらやる。たいていのことは、それが最も得をする決断となると私は考えています。

教え

早めに決断し、早めに動き始める人が得をする。

第九章

モチベーションを上げる方法

Takeshi Matsuda

松田文志

将来後悔しない道を選ぶ

社会に貢献したい。仲間たちを喜ばせたい。私たちはさまざまな目標を持って生きています。その目標がどのようなものであれ、それを達成するためには、何らかのモチベーションがあるに越したことはありません。

しかし、そのモチベーションの内容が、万人から褒められるような崇高なものである必要があるかというと、私はそうは思いません。

私がオリンピックを目標に掲げるようになったのは、バルセロナ五輪における岩崎恭子さんの活躍がきっかけであったことは、第一章でも述べました。

しかし、その根底にあったのは、「オリンピック選手になって有名になりたい」「金メダルを獲って、自分もちやほやされたい」「有名な選手になって、金持ちになりたい」などなど、非常に俗っぽい欲望でした。

それでも、そうして28年間にわたって厳しいトレーニングに耐えることができたわけですから、モチベーションを駆り立てるものは何でもいいのだと思います。


もちろん、人間ですから時にはモチベーションが揺らぐこともあります。とりわけ4歳で水泳を始めた私は、中学生時代、放課後に友達が連れ立って遊びに行くのを尻目に、「もう辞めたい。自分も遊びたい」と母親に愚痴ったことが何度もありました。

そこで母親はいつも、私にこんな言葉をかけてくれました。

「いま辞めてしまうのは簡単だけど、10年後、20年後のあなたが後悔することになるんじゃない？　30歳になったときの自分の姿を具体的にイメージしてごらん」

今にして思えば、母が言いたかったのはつまり、こういうことなのでしょう。今しかできないことを放り出してしまうことで、どのような将来が待っているのか、リアルにシミュレーションしてみなさい、と。


もちろん、水泳は大人になってからでもできます。しかし、アスリートとしてオリンピックを目指すとなると、これは30歳になってからスタートして叶えられる目標ではありません。

何より、こうした大きな目標を途中で投げ出してしまった自分を、大人になった自分が振り返ったとき、どう感じるでしょうか。きっと、家族やコーチに多大な協力をしてもらいながら、中途半端に競技を投げ出してしまった情けない子ども時代だったと、少々苦い思い出になるかもしれません。

目先の欲求というのは、誰にとっても大きな壁です。

「仕事や勉強をサボって遊びたい」「ダイエット中だけど美味しいものを食べたい」「起きなければならない時間だけど、もう15分だけ眠りたい」などなど、人は誰でも、日常的にいくつもの誘惑を抱えています。そして多くの人が、そこで易きに流れてしまったことを後悔する経験をしているはずです。

しかし、たいていの〝易きこと〟は、やるべきことをやった後でもできることばかり。むしろ、やるべきことをやった後のほうが、何倍も満足できるものです。

やめることはとても簡単で、でも続けることは、その何倍も難しいことです。
私自身も「目先の欲求」に負けそうになり、気持ちが揺らぐことはたくさんありましたが、その度に自分の気持ちやモチベーションをあの手この手で保ちながら水泳を続けてきました。そのなかのひとつに、

「今の自分ではなく将来の自分から、今の自分をみてみる」

ということがあったように思います。

学び **将来の自分から、今の自分を見てみよう。**

頑張る理由はあればあるほどいい

モチベーションとは、基本的に自分の内面から湧いてくるものですが、それでも、それを意図的に制御し、引き上げることができれば、それは大きな武器になるでしょう。逆にいえば、それができなければ、ひとつのことを長くやり続けることはとうていできません。

そこで言えるのは、「モチベーションを高める起爆剤はひとつである必要はない」ということ。むしろ、頑張る理由は、あればあるほどいいのではないでしょうか。

たとえば、故郷からいつも声援を送ってくれる人々の存在。スポンサーの存在。自身の家族に多大な負担を強いてまで、私と一緒に夢に向かって邁進してくれる久世コーチの存在。

モチベーションを上げる方法

松田文志

誰しも応援してくれている人々や、自分に期待してくれている人々の顔を思い浮かべることは、大きなモチベーションの源になるはずです。

あるいは、自分が頑張って活躍することで、水泳という競技全体が盛り上がるかもしれません。競技振興という、使命感にも似た目的をイメージしてみることで、やる気が駆り立てられることもあるでしょう。

また、先日延岡に帰省した際にある知人から、こう聞かれたことがありました。

「現役中もたびたび帰ってきていたけど、忙しい中、どうしてあれほど頻繁に帰ってきたの？」

これは少々、意外な質問でした。私にしてみれば、延岡は実家のある故郷ですから、たびたび帰省するのは当然のことですが、周囲からすると何度も時間とコストをかけて帰ってくるだけの見返りがあるのか、不思議に思うようです。

これについて考えているうちに、私は故郷で過ごす時間が持つ意味に気づかされました。

私にとって、延岡の皆さんをはじめ、周囲の応援というのは大きな力の源です。実際、現役時代は、定期的に帰省してまわりの人々から「頑張って」「いつも見てるよ」と声をかけてもらえるだけで、次への闘志が湧いてきたものです。

しかし、それだけではありません。こうして帰省中に、自分には〝帰る場所〟があると意識することには、試合への気負いを和らげてくれる効果が確かにありました。

大きな試合の前などはとくに、支援者への挨拶まわりを兼ねてよく延岡に帰省していましたが、幼い頃から見てきた山や川、田園風景を眺めていると、「なんとしても結果を出さなければ」と強く思う反面、「もし負けても死ぬわけではない」と思えてきたものです。

どれほど最悪な結果が出たとしても、地元や家族、友達の存在というのは変わらない。どんなことがあっても、この人たちだけは自分の応援者のままでいてくれるだろう。そう考えると、思い切って勝負できる割り切りが生まれるのです。

逆に、オリンピックだけが自分の価値のすべてだと考えてしまうと、競技そのものが辛いものになってしまいます。それでは十分なパフォーマンスを発揮するのは難しいものでしょう。

モチベーションを上げる方法

松田丈志

学び

帰る場所や頼れる家族・友人の存在が、勝負への支えとなる。

全部を頑張らなくてもいい

しかし、どれほど頑張る理由を溜め込んでいたとしても、人間である以上、気持ちにムラがあるのはやむを得ないことです。どうしてもやる気が起きない日というのも、誰しもあるでしょう。

それでも、社会人であれば仕事に向かわなければならないし、与えられたミッションをこなさなければなりません。私でいえば、レースで結果を出さなければならないわけです。

アスリートであれば、日々のトレーニングメニューをこなし、レースで結果を出すことが仕事なわけですが、私も現役時代、どうしてもその気になれない日というのが稀にありました。しかし、練習をサボるわけにもいきません。

そんなときは、「あえて100％すべてをこなそうとしない」という考え方に切り替えていました。

どれほど気持ちが乗らなくても、とりあえずプールへ行ってみて、たとえば10あるメニューのうち、全部はがんばれなくても、ひとつかふたつだけでもがんばってみるのです。

全部を完璧にやろうと思わなければ、意外と心身が楽になるものです。そしていざ動き出してみれば、思いのほか良いトレーニングができた、などということも珍しくありません。

これはすなわち、最初から可能性をゼロにはしないことでもあります。

テンションが上がらないからといってプールに行くこと自体を放棄してしまえば、その日の成長は確実にゼロです。しかし、ひとつかふたつだけでもやりとげる気持ちでプールに飛び込んでしまえば、最低でもゼロになることはありません。

どうしても仕事に行きたくない朝もあるでしょう。そんなときは、職場の人と世間話でもしに行くか、くらいの気持ちで家を出てみるのもいいでしょう。とりあえず行ってみることで開ける何かがあるかもしれません。

学び

「100%すべてをこなさなくてもいい」。そう考えて一歩踏み出す。

自分を徹底的に客観視する

「どれだけ努力を重ねていても、必ずしも結果がついてこない」。そんな時期は、誰にでもあることでしょう。

夜を徹して勉強したのに、目標の点数に届かない。節制しているはずなのに、体重が落ちない。必死に頑張っているつもりなのに、売上げが伸びない……。

それが単なる伸び悩みの時期なら、時間が解決してくれるかもしれません。しかし、気づかないうちに気の緩みが生じていたり、努力の方向性がズレてしまっていたりすることは、人間であれば誰しもあり得ることです。

そんなときにまずやるべきは、徹底した自己分析です。いま自分がどのような状態にあり、自分がどのようなことをこなしているのか、客観視することが必要です。

その点、第一章で述べたように、中学生の頃から久世コーチの勧めでつけていた練習ノートは、非常に頼りになるデータブックとなりました。こなしたトレーニングメニューの内容、そしてそこで出たタイムなどをつぶさにチェックしていけば、満足のいくコンディションを維持できていた時期との差が浮き彫りになります。

とりわけ苦しい思いを強いられた時期が、ロンドン五輪を終えた後、リオ五輪までの約4年間にありました。

以前と同様、とことん自分を追い込む練習を積んでいるのに、思うようなタイムが出ない。何が悪いのか。筋力が落ちているのか、心肺機能が不足しているのか、はたまた年齢的な衰えによるものなのか。それを模索する作業は、自分にとって辛いものですが、それでも自分自身と向き合わなければ、状況は打開できません。

自身を客観視する際、もっとも理想的なのは、状況や努力を数値で俯瞰することです。幸いにしてスポーツの世界では数値化できることが増えてきました。

私の場合は「vo2max」という体内に取り込める酸素の数値（最大量）と、泳ぐときの水を押すパワーの両方が落ちていることがわかり、それを再び上げるトレーニングを行ないました。その結果、「vo2max」はピーク時と同じ値まで取り戻せたものの、パワー不足は解消できませんでした。筋力をつけ、パワーを上げるのには時間がかかるのです。

しかし、不足しているのがパワーだとわかれば、本番までの限られた時間でそれを上げる努力と、今あるもので、その足りない部分を補うというアプローチをすることができます。

今振り返ってみると、あのタイミングで自分の状態を数値化して見ていなかったら、具体的な対策や目標設定をできないまま、オリンピックに出ることすらも叶わなかったかもしれません。

数字を使って自分を丸裸にする。それは現実を突きつけられる瞬間でもありますが、それを活用し戦い方を考えたことが、リオでの銅メダルにつながったのです。

学び

自分の状況や努力を数値で把握してみよう。

結果が出ないとき、メンタルにばかり原因を求めない

頑張っているのに結果が出ない。努力しているのにうまくいかない……。

そんなときは、とにかく自分を客観視し、できるだけ具体的な現状把握に努めることで、打開策を模索すべきだと、前の項で述べました。

しかし、人間は身体と心で構成されています。これが肉体的な原因によってパフォーマンスに支障が出ているのであれば、然るべき治療を施したり、あるいは効果的なメンテナンス法を探したり、できる対策は多々あるでしょう。でも、人は時に、精神面に理由があるときも、当然あるでしょう。

しかし、ここで私が重要と考えるのは、不調の原因を探す際、メンタルを疑うのは最後の最後にすべき、ということです。

なぜなら、どれほど不調の原因を探ろうとしても、「気力が低下している」「モチベーションが枯渇している」と言い出してしまうと、そこで不調の原因を具体的に検証する道は閉ざされてしまうからです。

どれほど楽な仕事でも、それすらやる気が起きない状態となれば、もはや打つ手はありません。もし、原因の所在がメンタルに行き着く前に、フィジカルや環境、スキルに改善点を見つけられれば、それをきっかけに、さらに成長したり、あるいは軌道修正することもできるかもしれません。

一方、メンタルの変化には大きな力があります。

先日、東京都選手権の男子２００メートル平泳ぎで世界新記録をマークした渡辺一平君は、共にリオ五輪を戦った仲間です。リオでは6位に留まりながら、見違えるようなパフォーマンスを見せた彼に、「いったい何を変えたの?」と聞いてみました。すると彼は、「気持ちです」と迷いなく即答したのです。

何か特別に変えたことがあるのだろうとばかり思っていた私は、その答えにはっとさせられました。ですが、同時に納得もしたのです。私も初めてのオリンピックの経験から学び、その後、競技に取り組むうえで大きな気持ちの変化があったからです。
渡辺君のこの世界記録も、リオでの悔しさがバネになっていればこそ、でしょう。
リオ五輪において彼は、準決勝で優勝者をしのぐ記録を出しているのです。すんでのところで金メダルを逃した経験が、彼をたくさん悩ませ、努力させ、こうした世界新記録という結果に到達させたに違いありません。

それだけ人間を変化させる力のある「気持ち」ですが、人間の気持ちは一つや二つではありません。絶えずいろんな感情が生まれてきます。しかも、形としては見えにくいものです。

ですので、気持ちに原因を求めるのではなく、形として見えやすい、また変えやすいものである、フィジカルや環境、スキルにまずは課題を探し、動き出してみること。
そして気持ちを高めていくのです。

学び

不調の原因は身体やスキルにないか、考えてみる。

「今できること」をやりきるのが、不安を乗り越える最良の方法

目標に向かって進んでいくプロセスでは、何らかの不安に直面することもあるでしょう。

与えられたミッションを、本当にこなすことができるのか。将来、自分はこのまま仕事を続けていけるのか。不安の種は、人によってさまざまでしょうが、それをいかに乗り越えられるかが、成功のためのカギとなります。

私の場合、リオ五輪までのトレーニングで、肉体的な衰えに対する不安が芽生え始めました。

トレーニングに打ち込んでいる最中の自分には、なぜ思うようなタイムが出ないのか、原因を断定することはできません。たまたま不調な時期であったり、疲労が溜

まっていたり、20代のときでもそういったスランプは何度も経験しています。しかし、もともと選手としての持ち味だった〝後半の伸び〟が発揮できなくなっている自分に、心のどこかで年齢の影響を感じていたのも事実です。

前述しましたが、「vo2max」の数値によって、心肺機能やスタミナについては全盛時と変わらないレベルまで上がっていることが証明され、どうやらパフォーマンスの低下はパワーの衰えに起因することが明らかになってきます。

しかし、筋力を向上させるには、まとまった時間が必要です。だからといって、スポンサードの支援を受け、多くの人々に応援されながらリオ五輪を目指すと宣言した以上、もう立ち止まることはできません。

久世コーチとともに散々頭を悩ませた末、目標に向かって進まなければならない以上、〝今できること〟をやりきるしかないという結論に私たちは達しました。

専門としていたバタフライで、もうトップ戦線に通用しないのであれば、メダル獲得という目的を叶えるために、違うルートを考えればいい。それが私にとって、800メートルフリーリレーという種目でした。

結果として、このリレーで私たちは52年ぶりの銅メダルを手にすることができ、競技人生の終焉としてはハッピーエンドといっていいでしょう。

オリンピックで結果を出すことが私の仕事でした。その目標を達成するためには、現状を受け入れ、今できることで勝負するしかありません。その一点に集中し、できる限りやってみることが大切なのだと思います。

モチベーションを上げる方法
松田丈志

学び

「今できること」で最大の結果を出そう。

「やりきった」という実感が、次へのエネルギーになる

ロンドン五輪を終えたとき、周囲の関係者の多くは、私がそこで現役を退くものと思っていたようです。それは久世コーチも同様でした。

しかし、まだその時点で肉体的にピークにあったこと、そして何より、究極の目標である金メダルを手にしていないことから、私はしばし悶々と悩む期間を過ごした後、現役続行を決意します。

もちろん、4年後のリオ五輪のとき、32歳になっている自分が世界で戦える力を残しているかどうかなど、誰にもわかりません。下手をすればメダルどころか、日本代表にすら入れず、ひっそりと姿を消していくことになるかもしれません。

それでも、結果的にはこの「現役続行」という選択こそが、私に〝水泳をやりきった〟と思わせてくれる一番の要因となりました。

目標というのは大きければ大きいほど、達成できる可能性は低くなります。どれだけ努力しても、最後まで叶えられないものだってあるでしょう。

でも、だからこそ、その分野に対して「出しきった」と思えるかどうかが、次のステージに進んだときに自信になるのではないでしょうか。

もし、私がロンドン五輪の直後に引退していたら、私はリオ五輪を観戦しながら、「ああ、あのまま続けていれば、もしかしたら自分は、次に金メダルを獲れていたのかなぁ」などと、未練がましいことを言っていたかもしれません。それどころか、4年ごとにオリンピックがやってくるたびに、老人になってからも「本当は金メダルを獲れていたのに……」とぼやきかねません。これは自分の美学に反する、非常に格好悪い姿です。

しかし、現役続行を決断し、全力でリオ五輪に挑んだ今となっては、結果的に金メダルを手にすることはできなかったにもかかわらず、次の東京五輪を清々しい気持ちで応援することができると確信しています。

人は、とかく〝楽な方向に行きたがる〟生き物です。長く競技の前線に身を置いてみて、身体の衰えに直面するまで現役を続ける選手が、非常に少ないことを実感しています。

スポーツでも仕事でも、必ず終わりはやってきます。そこで未練を残さずに次へ進むためには、目標を達成することのみならず、全力でやりきった実感を持てるかどうかが大切なのでしょう。

これは実際に水泳を最後までやりきったことで、初めて到達した境地でした。

私は、自分の水泳選手としての能力を出しきったと思えたことで、気持ちよく次のステージへのスタートを切ることができたのです。

学び

全力でやりきった。それだけで大きな価値がある。

第十章

文字で伝えることの大切さ

Yumiko Kuze

久世由美子

礼節を欠かさない人間性を養う

人が強く、大きく育つためには、肉体を鍛えて知識を蓄えるだけでは十分とはいえません。目標をかなえるためには、その土台となる礼節が欠かせないという考えが、私の育成理論の根底にはあります。

なぜなら、人が何かを成し遂げるうえでは、協力者や応援してくれる人々の存在が不可欠。つまり、礼儀を正し、きちんと挨拶ができる人間性を養うことは、目標を達成するために必要なことなのです。

とくに丈志の場合、東海スイミングクラブで預かるようになったのは、彼がまだ4歳のときのこと。その後の人格形成を踏まえ、単に泳ぎ方だけを教えればいいのではないと、早い段階からさまざまな指導を徹底してきました。

とりわけ口を酸っぱくして叩き込んだのは、「挨拶と返事、そして常に感謝の気持ちを忘れない」ことでした。

スポーツはたとえ個人競技であっても、自分ひとりだけで完結するものではありません。私と丈志のようなコーチ、スタッフとの関係はもちろん、共に練習する仲間や応援してくれる人たちなど、選手は多くの人々と関わり合いながら競技に打ち込むことになります。

また、丈志のように若くして代表チームに入った場合は、見知らぬ先輩たちと行動を共にすることになります。そこで周囲と良好な関係を築くことは、そのまま練習環境にも直結します。人間関係がうまくいかず、常にどんよりとしたムードの中では、誰しも練習に身が入らないでしょう。

逆に、周囲に好かれ、何事にもやり甲斐をもって臨める環境があれば、人はいっそう努力できるはず。何より、周囲とのコミュニケーションが十分にとれていれば、トレーニングに有用な情報もどんどん入ってくるでしょう。

礼節を備え、周囲と良好な関係を育むことは、周囲の力を自分の力に変えることに直結します。目指す結果を出すためには、こうした環境づくりが大切。私が人一倍、挨拶にこだわった指導を続けてきたのも、そこに理由がありました。

教え

礼節をおろそかにする者は一流になれない。

感謝を言葉にする

他人から支援を受けたときや、誰かに助けてもらったとき、人は「ありがとう」と感謝の言葉を述べます。これは人間同士の交流の中で、当たり前のことです。

ところが不思議なもので、この「ありがとう」の言葉は、親しい間柄になればなるほど、スムーズに出てこないことがあるようです。

東海スイミングクラブに通う子どもたちを見ていても、練習後にお母さんが迎えに来てくれても、さも当然のような顔をして車に乗り込もうとする子を時折見かけます。そこで私が、「ちょっとあんた！　お母さんがわざわざあんたのために迎えに来てくれてるのよ。まず何か言うことがあるでしょう！」と大きな声で叱りつける。これは東海スイミングクラブでしばしば見られる光景です。

感謝の気持ちというのは、なんとなく伝わるものではありません。はっきりと言葉にして、初めて相手に伝わるものです。

そして挨拶というのは、表面だけを取り繕った、かたちだけのものでは意味がありません。必要なときにちゃんと効果のある挨拶ができるようになるには、日頃からその所作を身に染みつかせておく必要があります。

この点、4歳から徹底的に指導した丈志は、迎えに来る両親やプールのスタッフ、コーチに対して、挨拶とお礼の言葉を忘れない人間に育ってくれました。彼が現役生活を全うするにあたり、非常に多くの方の声援と支援を受けることができたのも、こうした精神に支えられてのことだと実感しています。

また、感謝の言葉に限らず、声を出す習慣は、その場に活気をもたらします。パートナーシップやチームワークを強化するうえで、これは馬鹿にならない要素です。

たとえば日本代表の練習時、私たちコーチが記録を読みあげるのに対し、丈志はそのつど「はい！」と返事をする癖が染みついています。しかし、そうではない選手も少なくありません。こちらがプールサイドから声を張り上げて記録を伝えても、聞こえているのかいないのか、よくわからない態度で次のトレーニングに移ろうとする。

そこで私は、ある選手を捕まえて、こう言いました。

「あんた、なんで何も言わんのよ。私はあんたたちの記録を全部読み上げなければいけないのに、あんたは1回返事すればいいだけやろ？　簡単なことなんだから、返事をちゃんとしなさい」


感謝とは必ずしも「ありがとう」という言葉だけで表明するのではなく、その場その場の態度によって醸し出るものでもあります。

最初はうるさいコーチだと思われていたかもしれません。しかし、こうしたお小言をあきらめずに続けることで、自然と皆、声が出るようになってきます。そしてそれにより、場のテンションが明らかに上がりました。


活気のある環境は、人のパフォーマンスを向上させます。それはスポーツの練習時だけに限りません。たとえば会社や学校の会議で活発に意見交換が行なわれる様子を見ていれば、そのことがよく理解いただけるのではないでしょうか。口数の少ない職場やチームで、いい成果が生まれるとは思えません。

教え

元気な声が活発に飛びかう環境が、人のパフォーマンスを高める。

練習ノートを毎日欠かさずつける

もうひとつ、私が丈志と共に頑張ってきた過程で人一倍重視してきたのは、「記録する」ことでした。

私たちはそれぞれが自分の「練習ノート」を用意し、毎日欠かさず記録をつけていました。これは松田丈志という選手を成長させ、目標に近づくために欠かせない取り組みでした。

では、記録することで、いったい何が見えてくるのか。それは、その人間の〝現状〟と過去にほかなりません。

丈志に練習ノートをつけるように勧めたのは、彼が中学生に上がる頃でした。

「人に勝ちたいのであれば、毎日の練習内容とタイムを、すべてノートに記録しなさい」

そうアドバイスし、さらに何時に寝て何時に起きたのか、何をどのくらい食べたのか、そしてどのような練習を行なったのかということを毎日書かせました。

また、その日の練習でのパフォーマンスを5段階で自己採点させ、また、体のどこかに痛みなどの変調を感じた場合は、その部位と痛みの種類を細かく記入させるようにしました。そして最後にその日の練習の感想を書いて、私に見せに来るよう指示したのです。

中学生の丈志にとって、こうした細かい作業は決して肌に合うものではなかったでしょうが、「強くなるためには必要なことよ」と教え諭すと、意外なほどすんなり従ったのを覚えています。それだけ、本人も強くなることに必死だったのでしょう。

たとえば、一年前のタイムと今のタイムを比較してみれば、自分がどれだけ伸びたのかが実感でき、さらなる励みになり、ひとつの目安にもなります。

体調が今ひとつのときは、疲労に原因があるのかもしれないと、直近の練習量を知る材料にもなります。

また、こちらにとっては睡眠時間も重要で、「あんた、昨日は6時間しか寝てないじゃない。それではきついでしょ」と、できるだけ7時間以上眠るよう指導したこともありました。とくに大学生になると、就寝時間が書かれていない日が増えてきて、「あんた、昨日は帰ってきたのが遅かったんやろ?」と突っ込む材料にもなりました。

こうしてコンディショニングを可視化することは、アスリートならずとも有意義なはず。誰しも感覚だけで正確に自分の状態を知るのは不可能です。

最近はスマートフォンやタブレットなどのデジタル機器を活用するのが主流かもしれませんが、私たちは終始一貫、大学ノートに丈志との練習を記録し続けてきました。その数は丈志が現役を終えた時点で、250冊にも達しています。

こうした記録の積み重ねの成果を感じる一幕が、ロンドン五輪の舞台でありました。この大会、丈志は競技人生の中で、最高の状態に仕上がっていました。

私はすべての練習と大会で、ウォーミングアップの際のタイムをノートに記録しています。それを長年続けてきたおかげで、ウォーミングアップのタイムによって、その日の仕上がり具合が、すべてではないけれど、わかるようになっていました。

ただし、もしウォーミングアップで芳しくないタイムが出た場合、それを本番前に伝えるのは得策ではないでしょう。それはあくまでコーチの目安として記録しておくだけでいいのです。もし本人にそのタイムを伝えたら、ウォーミングアップの段階から構えて泳いでしまいますから、ますますいい結果から遠ざかってしまいます。

そのため、常にウォーミングアップの記録は、良し悪しに関わらず、本人には伝えないよう配慮していました。

しかし、ロンドンでの丈志は、まさしく絶好調の状態であることが、ウォーミングアップ時の記録からわかりました。思わず何度も過去の記録と照らし合わせたり、時計が正しく動いているのか確かめたり、タイムを疑ってしまったほどです。

試しに本人に、「あんた、体軽いやろう?」と言ってみると、丈志は充実した表情で「うん、軽い。いけると思う」と言います。その言葉に私も、「今日の丈志は強い。絶対にいける」と確信したものです。

果たしてロンドン五輪で丈志は、２００メートルバタフライで銅メダルを、さらに４００メートルメドレーリレーでは日本男子史上初の銀メダルを獲得するという、堂々たる結果を残すことができました。

教え

記録し続けることで、見えてくるものがある。

決意や覚悟を文字で伝える

記録だけでなく、時には決意や覚悟を文字にしてみることにも、大切な意味があります。私たちの28年間の競技生活の中でも、その時々の思いを明文化し、応援してくれる周囲の人々に伝える機会が多々ありました。

とりわけ印象深いのが、丈志が高校を卒業し、愛知県の中京大学への進学を決めたときのことです。それまで東海スイミングクラブでトレーニングに励んできた丈志ですが、ここで初めて、コーチである私とともに延岡を離れることになりました。

全国の名門校から軒並みオファーが届く中、なぜ中京大学なのかといえば、丈志が引き続き私とのマンツーマンにこだわったためです。ほとんどの大学では、水泳部の監督の指導のもとで練習をすることになりますが、中京大学ではコーチとセットで受け入れてくれる土壌があったのです。

しかし、そこでネックとなるのが、私の家族の存在でした。すでに独り立ちしている2人の娘はともかく、私は夫を延岡に残して単身赴任することになります。これまで以上に多くの負担を強いることになるでしょう。

また、夫の両親の気持ちも無視できません。表立って反対されることこそなかったものの、妻である私が家を空けることを、夫の親として好ましく思わないのは当然のこと。まして、嫁は家にいるのが当たり前の世代ですから、なおさらです。

それでも私たちがオリンピックを目指すことに賛同してくれた主人は、「口頭ではなかなか伝わらないだろうから」と、自分の両親にあてて手紙を書いてくれました。なぜ、そこまでして水泳に打ち込まなければならないのか。私たちの真摯な思いがそこには余すことなく綴られていました。

丈志と一緒に頑張りたい気持ちと、家族に対する心苦しさとの板挟みに葛藤した私にとって、これは何よりもありがたい心遣いでした。

親という身近な相手に対するものでありながら、こうしてあらたまって手紙というかたちにしてみると、電話やメールで伝えるメッセージとは、また異なる重みを感じさせます。
残念ながら、すでに高齢であった義父は、この手紙を読む前に亡くなっていました。目標に向かう私と丈志の真摯な思い、それを支えたいという夫の思いに対して、義母は深い理解を示してくれました。

教え

身近な相手だからこそ、真摯な気持ちを手紙にして伝える。

文字で伝えることの大切さ

久世由美子

感謝やお礼の気持ちを手紙にする

語弊があるかもしれませんが、今日、手紙というのはわざわざ書かなくてもいいものです。電話で話したほうが手っ取り早いでしょうし、文字で伝える必要があるならメールを打ったほうがスムーズでしょう。

いちいち文字を書いて切手を貼って投函するというのは、もはや煩わしい作業かもしれません。

しかし、だからこそ「手紙を書く」という行為には価値があります。あえて手紙を送るのは、伝えたい強い気持ちがあるからです。いわばそこには、メールにはない〝思い〟が乗っているのです。

とりわけ感謝やお礼の気持ちというのは、あえて手紙にすることで、より強く相手に伝えることができるでしょう。

それは必ずしも便箋に手書きである必要はないと私は考えています。悪筆にコンプレックスを感じている人なら、パソコンで書いた文面をプリントアウトして封筒で送れば、手紙としての効果は十分。文章作法に不安がある人であれば、無理をして長文を心掛ける必要はありません。


私の場合、仕事でお世話になった方には、お礼の文章と一緒に写真を1、2枚配置してプリントアウトするようにしてお送りするようにしています。たとえばその仕事中に撮影した1カットでも、あるいはこちらの近況を伝えるスナップでも、何でもいいでしょう。

大切なのは、気持ちです。手間暇をかけてでも伝えたかった気持ちを、手紙に乗せて贈るのです。

たとえ一度しかお会いしていない相手でも、こうした手紙を送ることで、間違いなく印象に残ります。何年か経ってから再会することもあるかもしれませんし、思いもよらない縁が広がることもあるでしょう。

とりわけ仕事で関わりを持った相手であれば、こうして繋がっておくこと自体が財産です。手紙が取り持つ縁の輪は、競技から離れた後の長い人生において、必ずやものをいうはずです。

また、丈志の現役時代には、大学関係者や延岡の支援者、スポンサーなどに対して、近況報告の手紙を欠かしませんでした。

海外遠征などで長く授業に出られないときでも、担当の教授に近況をこまめに伝えることで、「頑張ってるんだな」と応援してもらうことができます。

とくに丈志にとって単位取得の問題は切実で、学生である以上、いくらいいタイムが出ても落第してしまっては格好がつきません。

彼もそのあたりはよく心得ていたようで、遠征中は海外から「なかなか授業に出られなくてすいません」と絵葉書を各所に送り、帰国するとすぐに挨拶がてら顔を見せるなど、如才なく立ち振る舞っていたおかげで、留年を免れた経緯があるようです。

便りがないのがいい便り……などという風潮もありますが、こまめな便りを受け取って悪い気持ちになる人など、まずいないでしょう。

ちなみに私の夫は毎年、年賀状に私と丈志の近況を綴ることを恒例にしていました。私たちがその年、どのような大会でどのような結果を残したとか、あるいはトレーニングの様子や近況などと合わせて書き記すのです。これもありがたいバックアップのひとつでした。

毎年、この報告を楽しみに待ってくれる人が増えていき、私たちのことを普段から気にかけ、声援を送ってくれる人の存在が、大きな励みになりました。なかには年賀状を通して私たちの成長を見守っているうちに、「丈志くんとは会ったこともないのに、なんだかすごく親しみを感じるよ」と言ってくれる人もいたほどです。

身近に感じていれば、その選手のことを応援したくなるのは自然なこと。伝えることで、応援してくれる人が増えていくことを、私たちは実感していました。

皆さんにもぜひ、自分なりの手紙のかたちを見つけ、その効果を体験していただきたいものです。

教え

この時代に、あえて手紙だから伝わる気持ちがある。

選手生命の危機を打開した500通の手紙

手紙にまつわるエピソードをもうひとつお話ししましょう。

世界の舞台で戦うためには、どうしてもお金がかかります。海外遠征や合宿では、毎回少なくない経費がかかります。とくに高地トレーニングとなると、渡航費や滞在費などはもちろん、トレーナーの方に支払うお金だけでも、そのたびにおよそ300万円の経費が必要になります。

こうした経費を賄い、競技を続けてこられたのも、すべては松田丈志という選手を支援してくれるスポンサー企業のおかげでした。

ところが、ロンドン五輪を目指してトレーニングを続けていた頃、私たちはスポンサーを失い、選手生命の危機に陥ったことがあります。これは2008年に起きたリーマンショックの煽りによって、北京五輪の後からお世話になっていたメインスポンサーが、業績悪化を理由に契約の満了を決めたことが始まりでした。

そもそもご厚意で支援をいただいている側としては、それを受け入れるしかありませんでした。むしろ、これまでの支援に対してお礼を言わなければならない立場です。スポーツにはこういう事情もつきものです。問題は、これからどうするか、です。次のロンドン五輪こそ金メダルを獲りたいと燃えていた矢先でしたが、このまま次のスポンサーが見つからなければ、現役を続けることはできません。

しかし、ここが本当に丈志にとっての引き際なのかというと、大いに疑問でした。なぜならこの時期、丈志はアスリートとして絶頂期に差しかかっている手応えがあったからです。

この調子でトレーニングを積んでいけば、ロンドンこそ目指す結果が得られるかもしれない。

お金の問題は決して小さなことではありませんが、できるかぎりの手を打って、現役続行の道を繋ぐべきではないか。そのために、自分たちが必死に走り回らなければいけない。私と丈志は、そう気持ちを奮い立たせたのでした。

この時期、丈志に言い聞かせていたのは、「ロンドン五輪への気持ちを切らさず、準備は続けておくこと」でした。もしかすると、競技を続けることはできないかもしれない。それでも、辞めることはいつでもできます。新たなスポンサーと出会えたとしても、世界レベルで戦えるフィジカルを失ってしまっていては、話になりません。そして私たちは、トレーニングと並行して、企業への売り込みを続けました。

当初は人づてに繋がった企業を中心に、事情を話して頭を下げてまわっていたものの、やはり不況の最中、すぐに契約に結びつきそうな反応は得られません。むしろ、経営が厳しくなれば、スポーツ支援などに注がれていた余力は、真っ先にコストカットの対象となってしまいます。

刻一刻と時間ばかりが過ぎていく中、私たちは状況を打開するため、次の手に打って出ることを決めました。それは、景気の良さそうな企業に、「手紙」で直談判することでした。

事務所のスタッフと一緒に、まず新聞の株価の欄を見て、業績の良さそうな企業を片っ端からリストアップ。そして自分のプロフィールやこれまで取り上げてもらった記事などを同梱して、「次のオリンピックへ向けて頑張りたいので、ご支援をお願いできないでしょうか」とお願いする文章を添えたのです。

まさに藁にもすがる思いで、このとき送った手紙は、実に500通に及びます。

実際に担当者に会えたのは4～5社ほどで、それでもこちらの希望金額を伝えた時点で、「そんなにかかるんですか」とお断りされることも多々ありました。

しかし、こうした地道な努力がやがてニュースなどで取り上げられるようになると、同じ九州でドラッグストアをチェーン展開するコスモス薬品とのご縁が繋がりました。

また、江本ニーアンドスポーツクリニックという病院は、ロゴスポンサーというかたちで支援を申し出てくれました。この病院の院長先生は、もともと大学の水泳部員だったのだそうで、やはりニュースで私たちの窮状を知ったことから名乗りを上げてくれたのです。

さらに地元・延岡でも、商工会議所の会頭の音頭で12社ほどの企業が集まり、応援スポンサー会が結成されました。金銭面もさることながら、故郷を挙げてのサポートに、思わず目頭が熱くなるのを感じたものです。

結果、私たちは1年ほどかけて、計4社のスポンサーを獲得することに成功したのです。

これは手紙という手段によるところが大きかったと痛感しています。もし、この500通が手紙ではなくメールであれば、きっと開封されることすらなく埋もれてしまっていたかもしれませんし、少なくともこうしてニュースで取り上げられる話題にはならなかったのではないでしょうか。

日頃から文字で伝えることにこだわってきた私たちのスタンスは、やはり間違っていなかったのです。

教え　メールの時代だからこそ、手紙というアナログな手段が人の心を動かす。

文字で伝えることの大切さ

久世由美子

節目にこそ、思いを言葉にする

丈志が現役生活に区切りをつけたことで、私の生活も少し変化しました。東海スイミングクラブでの指導や講演活動などで、それなりに慌ただしく暮らしてはいますが、オリンピックを目指して戦っていた頃と比べて、さまざまな人と会い、多くのことを語り合う時間を持つことができるようになりました。

そうした人と人との〝輪〟があるのも、トレーニングに時間をとられていた日々にも、手紙によって人との繋がりを維持していたからだと、実感させられます。

競技を通して人と出会い、その人とその後も繋がり続けていくことは、私の場合、手紙という手段なくして成立しませんでした。支援してくれる人に近況を伝え、お世話になった人にはお礼状を送る。これを徹底していたことが、今に活きていると感じます。

私がこうして手紙を活用するようになったのは、夫の影響によるものです。夫はもともと文章を書くのが好きな人で、人生のさまざまな局面で手紙を書いていました。

東海スイミングクラブでは毎年3月、小中高生が卒業の節目にあたり、お別れ会の場でひとりずつ手紙を読み上げる慣習があります。クラブのコーチ陣など、それまでお世話になった人たちに向けた感謝状です。

いまの時代、なかなか文章を書く機会はありません。しかし、だからこそ、最後の節目の折には、自分の気持ちを文面で伝えることが大切だと考えたわけです。

丈志もそれぞれの節目の時期に、そうした感謝状を書いていますが、とくに印象的なのが、高校卒業時の手紙です。これはコーチに対してではなく、私の夫に対するお礼の手紙でした。

私と一緒に愛知県の中京大学へ進むことを決めた丈志は、妻の単身赴任を快く了承してくれた夫に対して、感謝の気持ちをしたためたのです。涙をこぼしながらそれを読み上げる丈志の姿を、いまもよく覚えています。

文字で伝えることの大切さ

久世由美子

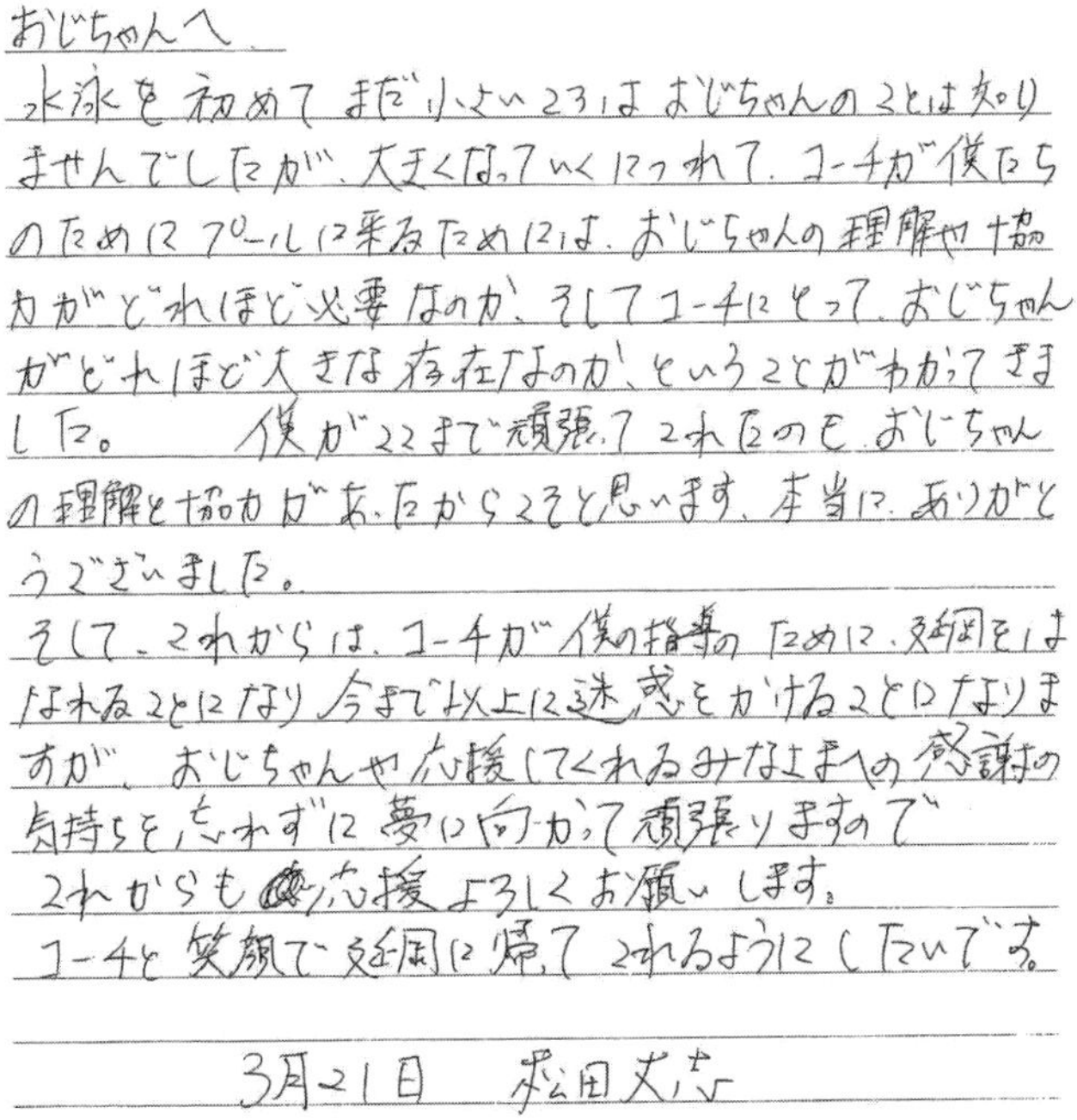
おじちゃんへ

水泳を初めてまだ小さいころはおじちゃんのことは知りませんでしたが、大きくなっていくにつれて、コーチが僕たちのためにプールに来るためには、おじちゃんの理解や協力がどれほど必要なのか、そしてコーチにとって、おじちゃんがどれほど大きな存在なのか、ということがわかってきました。　僕がここまで頑張ってこれたのも、おじちゃんの理解と協力があったからこそと思います。本当にありがとうございました。

そして、これからは、コーチが僕の指導のために、家庭をはなれることになり今まで以上に迷惑をかけることになりますが、おじちゃんや応援してくれるみなさまへの感謝の気持ちを忘れずに夢に向かって頑張りますので

これからも応援よろしくお願いします。

コーチと笑顔で家庭に帰ってこれるようにしたいです。

3月21日　松田丈志

松田丈志が中京大進学時に、
久世コーチのご主人に宛てて書いた手紙（の一部）

そして現役引退という節目を迎えた丈志は、久しぶりにこのお別れ会で手紙を読むと宣言しています。

生まれ育った延岡の街。4歳で水泳を始めた東海スイミングクラブ。そこで出会ったコーチやスタッフ。そしてこれまで応援してくれたすべての人々に向け、松田丈志が感謝の言葉を綴ります。

これまでも周囲に対する感謝の気持ちを忘れない選手ではありましたが、あえて文字にすることの意味を、彼自身もよく感じているのでしょう。

教え

あえて文字にすることの意味は何か。考えてみよう。

エピローグ

久世由美子

「松田丈志を必ずオリンピックに出場させる」ことを目標に、必死の思いで精進してきましたが、まさか4度の出場と4個のメダルを獲ることになるとは思ってもみなかったことでした。

子どもたちに水泳の楽しさを教えたい、泳げない子どもたちをなくしたいとの思いで、水泳の好きな仲間が集まって宮崎県延岡市東海中学校のプールを借りて、ボランティアの東海スイミングクラブを設立したのが、1979年でした。

当初は屋根も暖房設備もなかったプールですが、冬場の寒さに震える子どもたちを見かねた保護者の協力で、プール全体をビニールシートで覆って、現在のビニールハウスになりました。

設立から10年後の1989年、松田丈志が4歳のときに入会してきました。小さい頃は速い選手ではありませんでしたが、人なつっこい子どもで常に私の側にいて「速くなるにはどうしたらいい？　どうしたら強くなれる？」といつも聞いてくる負けず嫌いの子どもでした。

小学3年生になっての九州地区大会が沖縄であり、この大会で8位に入賞しました。普通なら3位までが表彰台に上がるのですが、このときは8位の選手まで表彰式で賞状をもらいました。そのときの嬉しそうな顔が可愛くて、もう一度その笑顔を見てみたい、この子を強くしたいと思いました。結果的には今日まで28年間続けることになりました。

種目は自由形でしたが、肉体的にもタフでレース後の回復力も速いことから、距離は特定しませんでした。松田は私の厳しい練習に耐え順調に記録を伸ばして、中学校時代から全国大会でも優勝するようになりました。

あるとき、自由形のフォームに変な癖があることに気づき、その矯正のためにバタフライを取り入れました。ところがこのバタフライに松田は柔軟な対応を示し、当時の短水路日本記録を塗り替える活躍です。先々にはバタフライを専門に世界で戦えるまでに成長するわけですが、この時点では自由形を続けるか、バタフライに乗り換えるかの葛藤があり、結局は両刀づかいということになりました。

松田に練習と同じくらいに気をつけて教えたのは、「挨拶・返事・礼儀・感謝の気持ちを忘れない」ということでした。いくら強い選手になっても、人から応援してもらえない選手にはなってほしくはありません。競泳は個人競技だと言ってもひとりで戦えるものではありません。多くの人の応援が必要です。迷いごとや悩みなどメンタル面での支えも必要です。この点でも松田はしっかり守って人と接してくれたと思っています。

選手としては、息の長い選手になってもらいたい、そのためには故障のない体をつくろうと考え指導してきました。松田のウォーミングアップとクールダウンの時間と距離は他の選手の練習本番のそれと同じくらいか、ときには上回ります。基礎を徹底して鍛え階段を一段一段上るように徐々にステップアップしていき、急速なレベルアップは望まないことにしていました。

しかし常に向上心を持ち、上を見続けて行動する小学校時代の松田は、宮崎県内では敵なしです。「強い選手はいっぱいいるよ」との思いから、松田よりも年長者の中学生や高校生の大会にも連れていくようにしました。「上には上がある」「大きい大会に出てみたい」。松田自身も幾度かの大会を見るうちに刺激を受けたようで意識も違ってきました。

2003年愛知・中京大学が「松田といっしょに久世をコーチに招き、50mプールの1レーンを松田専用に与える」と手を差し伸べてくれました。宮崎県延岡市に夫と義母を残し、松田と共に新たな競技生活のスタートです。

初めてのオリンピックは、2004年のアテネです。400m自由形に出場し40年ぶりの決勝進出を果たしましたが、メダルには届きませんでした。その後、日本チームはメダルラッシュ。驚喜した松田の決勝進出は忘れられ、メダリストとの差を強く感じました。オリンピックとは、結果を出さないとなんと居心地の悪いところなのかと感じ、悔しさだけが残りました。この悔しさの経験が私のバネとなり糧となりました。また松田の負けん気にも一段と激しい火がつきました。

2回目の2008年北京では、絶対にメダルを獲るという目標からぶれないようにトレーニングし、技術面だけでなくメンタル面でも細かいことまで気を配り、200メートルバタフライで見事銅メダルを獲得しました。松田はやるべきことをやり全力を出し切ったという心根で「自分色のメダル」と表現しましたが、金メダルと銅メダルの違いは明らかで、悔しい思いは前回と同じでした。次こそ金メダルを獲る、世界一になるという気持ちを持ち続けて4年間を乗り切りました。

2012年ロンドンでは200メートルバタフライで銅メダル、400メートルメドレーリレーで銀メダルを獲得しました。そのときの松田の言葉が「（北島）康介さんを手ぶらで帰らせるわけにはいかない」です。今でも時たま話に出てきます。

それから4年、2016年リオまでの道のりは、松田の年齢からくる体力のこともあり苦しい日々が続きました。松田はオリンピック2大会連続でメダル獲得した200メートルバタフライの代表を逃しましたが、男子800メートルリレーでオリンピック代表をものにしました。担当コーチとして、松田を含むリレー代表3選手を指導してきました。4ヶ月間大変な苦労もありましたが、男子800メートルリレーで日本勢52年ぶりの快挙となる、銅メダルを獲得することができました。皆さんに喜んでもらい、本当にやって良かったと思いました。オリンピックとは、出るだけでもすごいことなのですが、順位に差はあっても、メダルさえ獲れれば「チョー気持ちいい」世界でもあります。

最大の目標であった金メダルを獲ることはできませんでしたが「松田丈志」という素晴らしい選手に出会えたこと、二人三脚で世界に果敢に挑戦できたこと、常に夢を持たせてくれた28年間という長い期間も、振り返るとあっという間でした。松田には新天地の活躍で、更なる飛躍を期待しています。私自身はこれからも新たな夢を持ち続けて頑張っていきたいと思います。

指導していく時々に、私が口ずさんでいた好きな言葉で結びたいと思います。

「夢なき者　理想なし
理想なき者　目標なし
目標なき者　実行なし
実行なき者　成果なし
成果なき者　喜びなし」

久世由美子

感謝状

感謝状

久世由美子コーチへ

4歳からここ東海スイミングクラブで水泳を始めて、32歳で引退するまで本当に長い間お世話になりました。

子どもの頃から水泳は好きでしたし、水泳だけはちゃんと頑張りたいと思っていましたが、まさかこんなに長く続けるとは思ってもいませんでした。

子どもの頃は久世コーチに水泳を教えてもらう事自体が嬉しかったですし、水泳を一所懸命やってコーチに褒めてもらいたい、喜んでもらいたいという気持ちも持って水泳をしていました。

初めて市の大会に出たときから県大会、九州大会、全国大会、そして国際大会、オリンピックへと、一つひとつステップアップしていきました。

今までできなかったことができるようになる、行ったことのないところに行ける、それが大きな喜びになって頑張れたと思います。

経験を重ねていきながら、だんだんレベルが上がっていくにつれトレーニングはより厳しくなっていきますし壁にぶつかったことや悔しかった経験もたくさんしてきました。その度にコーチの励ましが力になって、もう一度チャレンジしてみよう、もう一度頑張ってみよう、と思わせてくれました。

久世コーチは練習ノートも腱鞘炎になりながらもいつも書いてくれましたし、合宿先などで食事もよくつくっていただきました。

東海スイミングクラブの、夏は暑くて冬は寒いこのプールでも、何万キロと泳いできましたね。

二人で世界中、いろいろなところでトレーニングやレースもしましたね。

久世コーチの熱意に後押しされたことで、それらを一つひとつ実行していくことができました。久世コーチがいなければここまで長く水泳を頑張り続けることはできなかったと思います。本当に感謝しています。

コーチからは水泳を通して、実行することの大切さ、最後まで徹底してやりきるメンタル、そして人として、社会人として必要なことを学ばせてもらいました。

これまで僕の水泳に付き合うためには本当にたくさんの時間とエネルギーを使っていただいたと思います。

これから、少しずつにはなるかと思いますが、恩返しをして行きたいと思っています。

そのためにはコーチが元気でいることが大切です。健康に留意され、これまでなかなか持てなかった、ご主人をはじめ、ご家族の皆さんとの時間を大切にして、いつまでも元気でいてください。

私も水泳を通して学んだことを今後の人生に活かし、さらに輝けるよう頑張って行きたいと思っています。

28年間という長い時間を共に戦っていただき、本当にありがとうございました。

2017年3月吉日

松田丈志

※この感謝状は、東海スイミングクラブのお別れ会で松田丈志さんが久世コーチに向けて書いた手紙の原稿です（編集部）

夢を喜びに変える　自《じ》超《ちょう》力《りょく》

発行日　2017年3月25日　第1刷

Author　松田丈志　久世由美子
Book Designer　國枝達也
Publication　株式会社ディスカヴァー・トゥエンティワン
〒102-0093　東京都千代田区平河町2-16-1 平河町森タワー11F
TEL　03-3237-8321（代表）
FAX　03-3237-8323
http://www.d21.co.jp

Publisher　干場弓子
Editor　千葉正幸　（構成：友清哲）

Marketing Group
Staff　小田孝文　井筒浩　千葉潤子　飯田智樹　佐藤昌幸　谷口奈緒美　西川なつか　古矢薫　原大士　蛯原昇　安永智洋　鍋田匠伴　榊原僚　佐竹祐哉　廣内悠理　梅本翔太　奥田千晶　田中姫菜　橋本莉奈　川島理　渡辺基志　庄司知世　谷中卓

Productive Group
Staff　藤田浩芳　原典宏　林秀樹　三谷祐一　石橋和佳　大山聡子　大竹朝子　堀部直人　井上慎平　林拓馬　塔下太朗　松石悠　木下智尋

E-Business Group
Staff　松原史与志　中澤泰宏　中村郁子　伊東佑真　牧野類　伊藤光太郎

Global & Public Relations Group
Staff　郭迪　田中亜紀　杉田彰子　倉田華　鄧佩妍　李瑋玲　イエン・サムハマ

Operations & Accounting Group
Staff　山中麻吏　吉澤道子　小関勝則　池田望　福永友紀

Assistant Staff　俵敬子　町田加奈子　丸山香織　小林里美　井澤徳子　藤井多穂子　藤井かおり　葛目美枝子　伊藤香　常徳すみ　鈴木洋子　住田智佳子　内山典子　谷岡美代子　石橋佐知子　伊藤由美

Proofreader　株式会社T&K
DTP　株式会社RUHIA
Printing　共同印刷株式会社

協力　東海スイミングクラブ　株式会社estmare エストマーレ

ISBN978-4-7993-2032-7